Mauricio Moreta

Retos de la Juventud

Título: *Retos de la Juventud*
Autor: Mauricio Moreta
Cuidado de la edición: José Martín Paulino
Diagramación: Juan Fermín Castillo

Diseño de portada: Ana Melissa Moreta
Melissa.moreta@hotmail.com
Tel: (809) 854-2701; (829) 890-2701

ISBN: 9798862132991

Septiembre, 2023

Editorial Café Ritual
C/ Imbert No. 89, San Francisco de Macorís,
República Dominicana.
Tel.: 809-588-7937/809-879-0120/809-819-8983
Correo electrónico: editorialcaferitual@gmail.com

Mauricio Moreta

Retos de la Juventud

Septiembre, 2023
San Francisco de Macorís, R.D.

Contenido

Prólogo

Es un honor y un privilegio presentarles la tercera obra del entusiasta y talentoso autor Mauricio Moreta (Mauro), titulada *Retos de la Juventud*. En esta ocasión, Mauricio nos sorprende con un enfoque revelador y profundo sobre un tema que nos concierne a todos: la necesidad del retiro laboral. Mauricio, licenciado en contabilidad y finanzas, demuestra una vez más su capacidad para explorar asuntos relevantes y trascendentales en la vida de las personas. Con un estilo claro y persuasivo, nos invita a reflexionar sobre la importancia de planificar nuestro futuro y encontrar un equilibrio entre nuestras responsabilidades laborales y el disfrute de una vida plena.

En nuestros juegos de los sábados en el grupo de golf 4SOME, he tenido la fortuna de conocer a Mauro de cerca. Su pasión por el golf es equiparable a su pasión por la escritura y ambas facetas de su vida se fusionan en esta obra magistral. La disciplina y el enfoque que Mauricio muestra en el campo de golf también se reflejan en su dedicación como autor

En *Retos de la Juventud*, Mauricio desafía el paradigma convencional de que el retiro laboral es un mero descanso tras una vida de trabajo arduo. Mediante una investigación exhaustiva y testimonios inspiradores, nos muestra que el retiro puede ser una etapa de crecimiento, realización y contribución a la sociedad. Mauricio explora los desafíos y oportunidades que se presentan al dejar atrás la vida laboral y cómo podemos prepararnos de manera efectiva para esta transición hacia la tercera edad. Desde la planificación financiera hasta la búsqueda de nuevas pasiones y propósitos, el autor nos guía a través de un viaje que nos inspira a aprovechar al máximo esta nueva etapa de nuestra vida.

Con su enfoque cercano y ameno, Mauricio nos invita a reflexionar sobre nuestra relación con el trabajo y cómo podemos encontrar un equilibrio saludable entre nuestra vida profesional y personal. Su mensaje es claro: el retiro laboral no es el fin, sino el comienzo de una nueva aventura. En *Retos de la Juventud*, Mauricio nos muestra que el retiro laboral puede ser un tiempo de renovación y autodescubrimiento, en el cual podemos explorar nuevas pasiones, invertir en nuestras relaciones y contribuir de formas diferentes a nuestra comunidad.

Espero que este libro les brinde la misma inspiración, emoción y claridad que me ha proporcionado a mí. Acompañen a Mauricio en este viaje transformador hacia una vida en la que el retiro laboral sea un desafío emocionante y lleno de posibilidades. Adelante, sumérjanse en las páginas de esta obra y descubran cómo el retiro laboral puede ser una etapa vibrante y significativa en nuestra vida. Prepárense para encontrar la inspiración necesaria para forjar su propio camino y abrazar la belleza del retiro laboral. Bienvenidos a *Retos de la Juventud*, una obra que retará sus creencias y les mostrará que el retiro laboral puede ser un nuevo comienzo.

¡Disfruten de esta apasionante travesía literaria!

Euclides Reyes

Dedicatoria

A mi madre, Isabel Luisa de la Rosa (QEPD), soporte moral y fuente de inspiración en mi vida. Recuerdo con amor y gratitud sus sabios consejos y orientaciones para mantenerme con los pies firmes en la tierra y la mirada hacia el cielo, buscando a Dios.

A mi esposa, Maribel García, quien junto a nuestro hijo Mauricio David, fue la fuerza motriz en todo este proceso de conceptualización, generador de las ideas que desencadenaron en la formulación de este aporte social.

A mis hijas, Anabel, Meribel y Ana Melissa, por todo su amor incondicional, motivándome a continuar disfrutando la dicha de estar vivo. A mis hermanos: Colasa, Pedro (QEPD), César y Juancito (QEPD). A mis nietos: Lorena, Rubí y Diego. A todos ustedes les presento mi gratitud por su amor y motivación a continuar aportando a esta sociedad que anhela el esfuerzo de todos para alcanzar una mejoría colectiva.

A mi compadre, hermano y mejor amigo, Héctor Hernández Martich, por una relación amistosa de cuarenta (40) años, constructiva, motivadora, sostenible en el tiempo y esencialmente basada en valores.

Prefacio

Esta obra tiene su origen en la incertidumbre generada por la falta de un sistema de seguridad social que garantice a los trabajadores que luego del retiro laboral puedan disfrutar la vida en condición de dignidad aceptable, lo que representa su mayor resistencia a concluir su etapa laboral de manera voluntaria; prefiriendo enfrentar el retiro laboral por decisión patronal o retiro forzoso. De manera frecuente, empleados con más de treinta años de labores en una empresa se preguntan ¿qué hacer?, después que la empresa decida terminar su contrato de trabajo, sin los recursos salariales y la ausencia de una preparación emocional que le facilite visualizar nuevas oportunidades de crecimiento económico y satisfacción personal; deseando encontrar un mecanismo que le viabilice ralentizar el proceso del retiro laboral.

Los tratadistas han establecido con minuciosa curiosidad, la composición de los seres vivos; y en ese sentido, hay que resaltar las etapas primarias de ellos, que son: nacer, crecer, desarrollarse, reproducirse, y por último morir. Se trata de un proceso complejo, al que la ciencia ha dedicado muchos esfuerzos y recursos materiales con la finalidad de entender, justificar y demostrar la racionalidad de cada uno de los cambios experimentados en todo el trayecto de la vida. Otra forma de ver los ciclos de vida del ser humano es clasificándolo como: primera infancia, infancia, adolescencia, juventud, adultez, y, por último: la vejez, llamada también: adulto mayor, persona de la tercera edad y más reciente se le denomina longevidad, por las expectativas de bienestar en los envejecientes; todos estos conceptos se refieren a la misma condición o ciclo de la vida humana.

Por su importancia, hay que enumerar las múltiples cualidades del hombre, sin conceptualizar sobre su origen, porque ellas resaltan las principales características que establecen una notable diferencia entre él y los demás seres vivos, por ejemplo: el hombre posee inteligencia, lo que le permite acumular conocimientos y consultarlos, puede vivir en sociedad o en solitario, sobrevivir fuera de la naturaleza, multiplicar la naturaleza y mejorarla, poner a trabajar la ciencia y utilizarla a su favor, entre otros. En este sentido, hay que resaltar que el hombre tiene las capacidades psicológicas para definir una ruta exitosa, que lo conduzca por cada uno de los ciclos de la vida, sintiendo la satisfacción de haber hecho lo correcto para él y la sociedad. De esta forma, el hombre se aferra a una realidad capaz de establecer con plena claridad que su accionar se encuentra racionalmente separado y superando a todos los demás seres vivos, sin importar su tamaño, forma, fortaleza corporal o habilidad de sobrevivencia. En definitiva, el hombre es el único ser vivo con la capacidad de vencer a todos los seres vivos del planeta, incluyendo a los del pasado, ya extinguidos.

El dominio del hombre sobre el mundo exterior debe transformarse en un poder interno que le permita generar las herramientas suficientes para lograr un mejor futuro para él, los suyos y la sociedad en su conjunto. Además, debe construir ideas que coadyuven a originar cambios universales en el presente y el futuro, con especial interés en las soluciones de sus condiciones económicas y emocionales, obteniendo un mejoramiento sistemático que produzca las adecuadas y favorables circunstancias de vida en su propia vejez y retiro laboral.

Capítulo I

Rol de los padres en la formación de los hijos

Paternidad responsable

La responsabilidad paterna inicia en el momento mismo del conocimiento de la concepción, desde ese instante, la pareja debe percibir la gestación como un compromiso de dos, a pesar de que la mujer sea quien asuma la mayor carga positiva del proceso; el hombre dará su apoyo total e incondicional a su pareja, para que la gestación refleje los mejores resultados, contribuyendo con la salud de la madre y el bebé. En consecuencia, el esposo debe acompañar a la futura madre en sus visitas médicas rutinarias y de emergencias, siempre que su responsabilidad laboral lo permita. De igual forma, el futuro padre debe convertirse en soporte de su esposa, para colaborar en lo que sea posible y necesario reduciendo los riesgos de accidentes que puedan poner en peligro la vida de la madre y la del bebé.

Son muchos los países que disponen de legislaciones orientadas a brindar apoyo a las parejas en estado de gestación, permitiéndoles, entre otras cosas, que el hombre pueda involucrarse en las atenciones de las diferentes necesidades de su esposa y el bebé que esperan. En especial, las normativas legales establecen ausencias permitidas en días laborables, para el acompañamiento de la madre en visitas médicas, en las que ella pueda contar con el apoyo emocional de su esposo, generando una tranquilidad anímica en la madre y en la criatura en gestación.

Al nacer el bebé, se inicia un proceso de crecimiento y exigencias que no para hasta que este complete los ciclos de primera infancia, adolescencia y la mitad de la juventud (21 años), cuando habrá terminado los estudios universitarios. Pero, aunque la paternidad no tiene final, la preparación hogareña de los hijos por parte de los padres debe estar orientada a construirles una formación humana integral, robusta en principios, valores y salud física y mental, para convertirlos en sujetos capaces de exhibir las garantías convincentes de que no transgredirán las normas de convivencias establecidas por la sociedad. Asimismo, los padres deben acompañar a sus hijos en su preparación académica, para que adquieran los conocimientos técnicos y científicos que les permitan insertarse en el aparato productivo de su país o en el extranjero, con la suficiente formación profesional y con los principios y valores que les faciliten posibilidades de ser exitosos, compitiendo en buena lid.

Ese acompañamiento de los padres es de suma importancia, sobre todo si se enfocan en fortalecer su aprendizaje, induciéndolos a formarse con la capacidad de pensar y conceptualizar, para estar en condiciones de tomar las decisiones correctas en torno a sus actividades personales y profesionales, como forma de elevar sus posibilidades de alcanzar el éxito, en lo laboral y personal. Además, a través de esta preparación integral, dispondrán de la capacidad para saber que los sucesos negativos del pasado solamente deben recordarse como eventos que revisten importancia en sus condiciones de elementos de referencias, para mejorar los resultados del accionar en el futuro.

El fortalecimiento del carácter es una tarea que los padres deben lograr en su acompañamiento en la educación de sus hijos, procurando eliminar la incertidumbre que genera la inseguridad en el comportamiento del ser humano. Sin embargo, igual que la imagen es elaborada en la roca, por el paso y golpeo constante del agua sobre ella, asimismo, la vida y sus enseñanzas paternas moldearán el carácter de los hijos, a los que los padres solo podrán tocar para retirar partículas que nada aportan al producto final y que, en su afán por adherirse a ellos, solo pueden causar una efímera confusión visual al espectador de esas complejas obras, que son los hijos. Así evitarán sobredimensionar situaciones vividas, que solo alcanzan grandes estaturas en la mente del individuo que las padece y que su influencia psicológica lo puede inducir a convertirse en su verdugo.

Valores morales y sociales

Con los valores morales, los padres moldean sus hijos para exponer un correcto comportamiento social, conduciéndose de forma correcta y diferenciando el bien del mal, con diurna claridad, estableciendo la distancia real entre lo justo y lo injusto. Mientras que los valores sociales son los que nos permiten convivir como sociedad en un ambiente de respeto mutuo, haciendo posible la viabilidad de las relaciones interpersonales, fomentando la convivencia entre todos los miembros de una comunidad.

De la obra *De la frontera a la capital*, de Mauricio Moreta, traemos algunos ejemplos de valores morales y sociales:

- **Respeto: aceptar** que otras personas tengan ideas, posiciones y pensamientos diferentes. Permitir las expresiones de ideas contrarias sin cuestionarlas, aunque no sean coincidentes con nuestros pensamientos y criterios.

- **Honestidad:** es en nuestra actuación, reflejamos coherencia entre nuestro proceder y la forma en que vemos las cosas.

- **Sensibilidad:** es uno de los principales valores del ser humano, porque refleja la capacidad de cada individuo de poder conmoverse por situaciones delicadas, relacionadas con sus semejantes.

- **Responsabilidad:** la definimos como la capacidad del ser humano para cumplir los compromisos contraídos. Este valor humano está firmemente conectado con la consciencia, que, como guardián, revisa minuciosamente nuestras acciones, para asegurarse de que estamos actuando conforme a nuestros compromisos frente a nosotros mismos y la sociedad.

- **Humildad:** es una condición humana que nos recuerda lo frágiles que somos como seres humanos, propensos siempre a fallar, por lo que los logros debemos aceptarlos y manejarlos con prudencia y sencillez.

- **Gratitud:** es un sentimiento profundo, emotivo, reflejando reacciones emocionales sobre beneficios recibidos (materiales o intangibles) a través de acciones externas con efectos perceptibles o emocionales a nuestro favor.

– **Prudencia:** este valor humano nos invita a tomar en consideración nuestro entorno antes de actuar. Consiste en mantenernos alertas en nuestras acciones, cuando conversamos y actuamos para evitar perjudicar a nuestros semejantes. Debemos tener todo el cuidado posible para no afectar la sensibilidad o la moral de otras personas con nuestro accionar.

Principios éticos: La importancia de los principios éticos radica, principalmente, en la conexión del profesional con su entorno laboral, definiendo lo que le está permitido hacer en cada evento que involucra sus actividades laborales. De ahí que los padres tengan la responsabilidad de incluir estos principios en el gran menú de elementos a considerar como parte de la formación de los hijos, con el sabio propósito de robustecer y complementar su personalidad y formación profesional, para que puedan alcanzar un mejor desempeño laboral, siendo fieles, honestos y eficientes sujetos laborales; evitando incurrir en actos o actividades propensas a causar daños a la empresa para la que trabajan, ocasionándole pérdidas financieras y/o de reputación. Por la cobertura de su concepto, la honestidad es el principal principio de ética; el que invita al profesional a diferenciar lo que está bien de lo que está mal, en lo económico y lo moral.

La crianza de los hijos debe ser moralmente robusta, logrando entregar a la sociedad personas con integridad total en su accionar, características que le facilitarán disponer de las herramientas que le viabilicen hacer lo correcto, actuando con transparencia, logrando resultados exitosos en lo personal, profesional y social, debido a que siempre tendrán la predisposición de hacer lo que está bien para ellos y para la sociedad. Y lo más importante, es la posibilidad de que los hijos educados bajo estos regímenes se puedan convertir en agentes multiplicadores de integridad, principios y valores, acción que se iniciará con la formación de las familias emocionalmente estables, que, como ellos o ellas, siempre los enarbolen y exhiban con orgullo; también, en su relación laboral y social, en donde a través de sus comportamientos serán buenos ejemplos influyentes para sus amigos y compañeros de trabajo. Una persona íntegra procura adoptar un comportamiento traslúcido frente a la sociedad, la familia y ante Dios, demostrando ser poseedor de la capacidad de socializar en un ambiente de justicia, respeto a los demás, solidaridad, gratitud, entre otros.

Por idiosincrasia, el ser humano es bastante impredecible, reacciones del pasado ante eventos específicos no garantizan que en el futuro y frente a las mismas situaciones y circunstancias, los resultados o reacciones sean iguales que a los ocurridos en el pasado. No obstante, hay que estar convencidos de que la formación del individuo basada en principios y valores, tendrán efectos positivos en el comportamiento humano, porque ellos actuarán como vigilantes de las acciones y desempeño del hombre o la mujer frente a la sociedad, y siempre estarán dispuestos a proceder conforme a las acciones aprendidas.

Moral y Cívica

Hace algunos años, el pensum de la escuela pública incluía la materia Moral y Cívica en todos los cursos iniciales, y más de una vez por semana los estudiantes recibían enseñanzas y ejemplos sobre estas disciplinas y comportamientos sociales, era como el acondicionamiento psicológico para las interrelaciones futuras. Cabe destacar que la moral y cívica era la parte central de la educación integral de los niños y adolescentes, procurando generar una enseñanza de hogar y escolar, comprometida con la formación de individuos capaces de adoptar un desenvolvimiento orientado a fortalecer el espíritu de convivencia pacífica de todos los integrantes de la sociedad. Con el impulso de la educación moral puede obtenerse el cumplimiento de las normas vigentes, enriqueciendo la capacidad de una convivencia humana más justa, libre y solidaria; mientras que el civismo está relacionado con la interacción de los ciudadanos que conforman la sociedad, estableciendo los parámetros que rigen el accionar de cada individuo.

Es importante destacar la pregunta generalizada hoy día sobre la necesidad de retomar la enseñanza de moral y cívica, tanto en las escuelas públicas, como en la educación paterna y colegios privados, lo que, sin dudas, ayudaría a mejorar el comportamiento de las futuras generaciones, exhibiendo una mejor convivencia entre familiares y la

19

sociedad misma. Con un incentivo en la enseñanza de la moral y cívica, tendríamos mejores ciudadanos circulando en las grandes urbes, quienes lo pensarían mucho antes de saltar a los demás en una fila. Con ello se reduciría notablemente la indiferencia ante las personas que necesitan entrar a una cola en su vehículo y los demás se niegan a darle paso, también ese adulto mayor que desea cruzar una calle y nadie aparece para ayudarlo y evitar que sea víctima de un accidente, porque los conductores tampoco se preocupan por esperar un poco y detenerse para decirle a esa persona, tú me importas y aquí estoy para ayudarte. Es necesario evitar que la prisa nos gane la voluntad de identificarnos y ayudar a los demás, esa persona que desea acceder a la vía probablemente tenga más urgencia de llegar a su destino que tú mismo y, sin embargo, tu indiferencia te induce a cerrarle el paso, demostrando una falta de civismo que debemos superar en aras de construir una mejor sociedad.

Aprendiendo a decir "no"

La palabra "no" es monosílaba y denota la negación de un hecho real o ficticio, del que su existencia es rechazada o negada, representando por si sola una respuesta a un cuestionamiento específico. Cabe destacar que culturalmente la sociedad ha insistido en evitar las respuestas negativas, llegando a satanizar su uso, atribuyéndole efectos negativos en la actitud personal y el logro de metas y objetivos. Sin embargo, es necesario aprender a decir que no, porque en ocasiones se responde positivamente cuando se está convencido de lo contrario, algo deshonesto, que se hace con la sola intención de complacer esa influencia generacional que exige ser positivo, incluso, cuando se está ante eventos que amenazan la integridad y seguridad del interlocutor. Hay que aprender a decir no, y utilizar esa palabra con tanta vehemencia, que nadie pueda influirte o manejar tu voluntad frente a hechos que comprometan tus principios y valores, por ejemplo:

– **Por principios éticos:** cuando tu fidelidad a la institución para la que trabajas esté amenazada, no debes permitir que amigos, relacionados o compañeros de trabajo logren convencerte de hacer algo que afecte la empresa para la cual trabajas y a la que debes probidad. Sin distinción, en estos casos, expresa la palabra no, con carácter y convencido de hacer lo correcto.

– **Por valores morales:** si eres funcionario público o privado y alguien te propone un acto deshonesto utilizando la influencia de tu cargo, con determinación dile que no, que esa acción va en contra de tus valores y no estás dispuesto a transgredirlos por nada en el mundo. No temas que lleguen a excluirte del círculo exclusivo de los renuentes a decir no.

– **Por valores sociales:** como ser humano siempre estarás tentado a actos reñidos con los valores que rigen la sociedad, son muchas las formas o señuelos que te presentarán, incitándote a cometer actos reprobados en tu círculo social, desde darte una borrachera, porque eso no es nada, hasta consumir sustancias prohibidas (drogas) y cometer actos de infidelidad contra tu pareja, porque nada de eso es relevante, y si no logran convencerte te amenazan con ponerte a un lado del grupo y ahí es cuando tienes que sacar un fuerte "no". Si eres capaz de decir esa palabra mágica, estarás protegiendo tu integridad, tus valores y principios.

Después de aprender a decir "no" a los demás, hay que interiorizar esa palabra en forma de auto reproche, cuando el cansancio te invita a rendirte en el camino, si el hastío reduce tus fuerzas y a pesar de estar en la mitad del camino, el subconsciente te ubica en el punto de partida, haciéndote entender que las fuerzas serán insuficientes para alcanzar la meta propuesta, ahí tienes que decir no me voy a rendir, y continuar la ruta hacia delante. También, esta palabra es adecuada para rechazar las insinuaciones personales o familiares para disponer de los ahorros que con tantos sacrificios se han hecho y que están destinados a solventar los gastos imprescindibles para la sobrevivencia después del retiro laboral, no lo debes permitir, porque sería retroceder y no es lo recomendable para las personas decididas a tener éxitos.

Capítulo II

Una cultura de retiro

PIB y esperanza de vida

Las investigaciones científicas con frecuencia nos colocan en una disyuntiva sobre dónde termina la adolescencia y comienza la juventud, variando sus resultados de tiempo en tiempo, mientras tanto, la esencia de esta obra tiene como objetivo valorizar la última etapa de los distintos ciclos de la vida, lo que permite obviar el interés de los tratadistas enfocados en diferenciar la duración de cada ciclo. Observando la existencia de una urgente necesidad de que cada etapa sea completada satisfactoriamente, sin eludir vivencias generadoras de experiencias, necesarias para transitar exitosamente el siguiente nivel, evitando estancamientos mentales, que son muy perjudiciales en posiciones o estados existenciales que oportunamente debieron superarse. Producto de mantenerse psicológicamente en una etapa sin pasar a la siguiente, visibilizando ese comportamiento en personas que, siendo adultas, resultan un tanto infantiles, revelando inmadurez en su accionar.

En el transcurso de esta obra, para los fines ilustrativos serán presentadas conexiones didácticas entre juventud y vejez, dos etapas de la vida que, en su enumeración, no están precedidas, ya que se encuentran separadas por la etapa de la adultez. Por heterogeneidad de la población humana, resulta poco práctico establecer rango de edad para cada etapa de la vida. Y es que los rangos de las edades están, significativamente, influenciados por la vulnerabilidad a que esté expuesto cada conglomerado en los diferentes puntos del planeta. Por consiguiente, no es la misma expectativa de vida para el hombre de la República Democrática del Congo, que vive en la extrema pobreza y que tiene una esperanza de vida de 59.42 años los hombres, y 62.54 años las mujeres; mientras que, en Singapur, un país con mayor nivel de desarrollo, la expectativa de vida es de 81.5 años para los hombres y 86.1 años para las mujeres. La esperanza de vida y la vulnerabilidad de las personas se relacionan bastante con el tamaño del PIB per cápita y su distribución entre las diferentes clases sociales. Mientras la República Democrática del Congo en el año

2020 tuvo un producto interno bruto (PIB) per cápita de US$556.81, Singapur logró un exorbitante PIB per cápita de US$59,797.75 para ese mismo año. El producto interno bruto (PIB) per cápita es el resultado aritmético de dividir los ingresos totales de un país, originados por el intercambio de bienes y servicios a nivel nacional e internacional, entre la totalidad de sus habitantes. Dicho de otra forma, es el resultado de dividir los ingresos de un país en un tiempo específico sobre la totalidad de sus habitantes.

Aterrizamos este ejercicio en nuestro país y encontramos que al 2020 la República Dominicana tiene una esperanza de vida de 77.55 años las mujeres y 71.17 años los hombres, mientras tanto, el PIB per cápita de este país ascendió a US$7,268.20, unas 13.06 veces superior al PIB per cápita de la República Democrática del Congo, pero inferior 8.23 veces que el PIB per cápita de Singapur. No obstante, el tamaño del Producto Interno Bruto de un país no es lo importante, lo fundamental es saber cómo impacta el PIB en el bienestar de la mayoría de los miembros de la sociedad, para que los habitantes de menores ingresos puedan mejorar su calidad de vida, el PIB debe lograr una generación de empleos que les facilite al grueso de los habitantes: acceso a bienes y servicios, salud, educación, medicamentos y alimentos de calidad. La fuente para estos datos fue: página digital www.datosmacro.com, publicación "Esperanza de vida al nacer", año de publicación 2021.

Es importante que al mirar hacia adelante y no poder responder con certeza que pasará mañana, no genere pánico emocional, al ver el futuro como un túnel oscuro, tenebroso y lleno de incertidumbre. Ese mañana en que las oportunidades de ser productivo en términos laborales se hayan desvanecido o simplemente mermado, junto a las energías físicas que antes te permitían competir con probabilidades de éxitos en el sector laboral, contra jóvenes, con los que hoy te disputas un puesto de trabajo en notable desigualdad. Esta pregunta la mantendremos abierta y muy presente en todo el trayecto de esta obra, aunque no la formulemos, ahí seguirá repercutiendo: ¿Y mañana qué?

El Estado y la vejez de los ciudadanos

Los países desarrollados han avanzado en sus políticas de protección a los adultos mayores, asegurando para ellos una calidad de vida adecuada a su edad y, por vía de consecuencia, facilitándoles disfrutar de esas etapas de la vida que anteceden a las de adulto mayor, sin las notables preocupaciones, originadas en la incertidumbre generada por la inseguridad de no saber lo que sucederá cuando llegue el momento del retiro laboral. Estas naciones desarrolladas garantizan a sus ciudadanos en la etapa de la tercera edad: un techo, alimentación balanceada, medicamentos, atenciones médicas, asistencia humana, etc. La solución a estas necesidades genera confianza y tranquilidad emocional en los habitantes, despejando en ellos preocupaciones y creando las condiciones para disfrutar su juventud y adultez, que representan las etapas de su vida de mayor productividad. No obstante, los desafíos de los cambios económicos, inflación y recesión, enfrentados en su época productiva y de aporte al sistema fiscal de su país, los ciudadanos de países desarrollados sienten la tranquilidad de estar aportando a un sistema que, llegado el momento del retiro, hará todo lo posible para ocuparse de cubrir sus principales necesidades para sobrevivir con escasas preocupaciones, facilitándoles una vida digna después del retiro laboral.

En estos países, prevalece una cultura de retiro laboral que incluye a todos los ciudadanos. El Estado, en su condición de administrador y distribuidor de las riquezas percibidas, provenientes del sistema económico del país, por la producción e intercambio de bienes y servicios que se comercializan dentro y fuera del país, realiza las asignaciones presupuestarias orientadas a las atenciones de las necesidades básicas de los adultos mayores. Pero también, los comerciantes ofrecen tratos preferenciales a los envejecientes, sobre todo en los negocios relacionados con la venta de alimentos cocidos, estableciendo precios cómodos, o descuentos dirigidos a los adultos mayores que no cuentan con muchos recursos. Entonces podemos colegir que en las naciones desarrolladas el comportamiento ciudadano es consustancial cuando se trata de los adultos mayores.

Mauricio Moreta

Experiencia: en mi segundo viaje a la ciudad de Nueva York, en marzo del año 1992, en una ocasión fui con mi anfitrión a desayunar a una cafetería y me sorprendió observar que entre los comensales había una señora de la tercera edad, y uno de los dependientes del negocio le presentó un envase conteniendo muchas fichas y la señora introdujo su mano derecha y sacó una ficha que luego se la presentó al joven que la atendía, él, amablemente, la tomó y enseguida procedió al despacho. Y yo, como buen dominicano, para no quedarme con el desconocimiento atascado en la garganta, le pregunté a mi anfitrión el por qué le puso a sacar aquella ficha y él me respondió que el monto contenido en la ficha extraída por la dama era lo que pagaría por su desayuno, y que eso lo hacían con todos los envejecientes de escasos recursos.

En sentido opuesto, los países en vía de desarrollo, entre los que se encuentra República Dominicana, asumen tímidas y puntuales acciones en favor de los envejecientes y ven como ajenas las precariedades en que viven los adultos mayores, dejando en las manos del individualismo la sobrevivencia en la vejez a eficientes productores de antaño. No obstante, la responsabilidad de los gobiernos es crear políticas e iniciativas que generen seguridad y asistencia a sus ciudadanos que ya no son tan productivos, como consecuencia de su condición biológica degenerativa, aunque en unos casos más que otros, pueden continuar generando ingresos con actividades más independientes; pero que al final, no disponen de los ahorros que les permitan vivir su retiro en condiciones de autosuficiencia. En consecuencia, la vejez en países subdesarrollados, tiene que afrontar todos los desafíos que conlleva vivir sin generar ingresos, sin apoyo económico del estado y, sobre todo, sin estar preparados emocionalmente para afrontar las condiciones más desventajosas del hombre, aquella en que las fuerzas físicas menguan de manera importante y las enfermedades con su secuela de dolencias aumentan, sin alcanzar un nivel de bienestar personal sostenible en el tiempo, tanto en lo económico como a nivel psicológico.

Para los jóvenes, el transitar por la vida es comparable a las vivencias de un experimentado solfista, que consigue una enorme ola que en su rompimiento inicial genera un prolongado túnel, que lo envuelve en un emocionante corredor con grandes paredes de aguas con movimientos circulares y la penetración del aire y la claridad solar; envuelto por esta emoción, el solfista, quisiera que este momento fuera interminable. Pero, afortunadamente, la vida evoluciona y avanza y, como al solfista, que el túnel inevitablemente en poco tiempo le desaparece y pronto, solfista y tabla estarán cerca de la orilla. A la juventud le sucede igual que al solfista y la ola, llegado el momento, se le desvanecen sus destellos de energías, y abrazado a la esperanza de convertir tus desafíos futuros como adulto mayor o persona de la tercera edad, en ejemplos para jóvenes y no tan jóvenes, de que el ser humano tiene la capacidad de reinventarse en cualquier etapa de su vida, incluyendo esta que marca la longevidad, creando nuevas oportunidades y razones para ser feliz y vivir en bienestar.

Ninguna persona se mete a la cama joven y al día siguiente, cuando sale de ella, está viejo, así no es como funciona. En menciones anteriores, queda claro que la vejez es la última etapa de la vida del hombre y en cada país definen la edad de inicio de esta, la cual, regularmente, es por encima de los 60 años. En consecuencia, tomando en consideración que la vejez se tardó 60 años en llegar, tuvimos aproximadamente 40 años para prepararnos económica y emocionalmente, y con la seguridad de que el Estado no hará nada para aliviar nuestra carga económica y emocional, debemos ser sensatos y en una actitud de responsabilidad, realizar las previsiones suficientes para que este cambio nos encuentre preparados en todos los aspectos. Entonces, ¿cuándo debemos iniciar nuestra preparación para poder enfrentarnos a la condición de adulto mayor con un mínimo de éxito y no representar una carga para nuestros hijos, quienes tendrán la obligación de enfrentar sus propios retos, en una sociedad cada vez más exigente, con una competencia laboral que no permite distracción y un sistema de consumo tan populista que alcanza a todos los niveles de la sociedad? Aunque esta pregunta parece extensa y su respuesta un tanto escurridiza, en sí misma, constituye la intención central de esta obra y más adelante se darán las pistas a seguir.

Frente a un estado con un amplio abanico de responsabilidades, en cuyas aspas no está la seguridad de los adultos mayores o simplemente sin políticas sociales que los alcancen, se hace imperante que cada miembro de la sociedad, hombre o mujer asuma con determinación la planificación responsable de los costos de su vejez futura, en su desafiante presente; obviamente, nada se consigue sin sacrificios. Para tener

27

un retiro con cierto nivel de holgura económica y dignidad humana, es necesario que ese proyecto se incluya en los planes de vida. Hay que crear una cultura de retiro individual, estableciendo los mecanismos que faciliten solucionar satisfactoriamente el tema económico y trabajar con principalía determinante la parte emocional, aceptando la edad de adulto mayor como una realidad hacia la que inexorablemente avanzamos lentamente y en silencio, pero con pasos firmes.

Desde tiempos remotos, la sociedad tiene definidos sus estereotipos del retiro laboral, establecidos como normas en la disminución de la vida útil del hombre y la mujer, confirmación sustentada en los requisitos de las empresas privadas en el reclutamiento de empleados para posiciones vacantes, estableciendo como edades aceptadas para optar por una posición, la contenida entre los 25 y 35 años de edad, resultando un poco extremo y decepcionante para los que exceden esas edades, cuando los principales organismos que realizan estudios de esperanzas de vida, establecen que la edad de adulto mayor inicia a los 60 años. Esta realidad desconcierta y confunde al desempleado, porque si tiene menos de 25 años no lo aceptan por falta de experiencia, pero a los 25 le exigen experiencia laboral y después de los 35 años, cuando tiene acumulada la experiencia, ya es muy viejo; este es un dilema que deberá corregirse para tranquilidad de la clase trabajadora con edades fuera de estos parámetros.

Capítulo III

El miedo y sus consecuencias

El miedo paraliza

En su acepción más adecuada, el temor enfrenta al que lo siente con la realidad de su propio interior. Cuando se visualiza un evento real o ficticio, hay que determinar si de alguna manera representa un peligro o una amenaza real, para poder estar en condiciones de tomar el control del evento enfrentado. Desde la tierna infancia se experimenta esa sensación que revela la fragilidad que existe en los seres humanos, así, en su travesía por la vida, el hombre lleva en su interior el temor a lo desconocido, iniciando por la soledad o al hecho de estar acompañado por sí mismo, en silencio, o tal vez en un monólogo que origine una discusión interna sobre un tema específico. Sin embargo, independientemente de que la desconfianza para afrontar una situación que induzca a experimentar una fuerte angustia e inseguridad sobre lo que se entiende es una amenaza, al final se impone la necesidad imperante de enfrentar esos temores y continuar el camino hacia los objetivos planteados.

Por consiguiente, si desde siempre el hombre ha convivido con la desagradable sensación que provoca el miedo, casi siempre, a pesar del poder de intimidación de este sentimiento, hay que avanzar y vencer los temores, para evitar ser presa de ellos. La influencia del miedo puede ser tan dominante que resulte inevitable que sus dagas alcancen el estado anímico del que lo padece, sintiendo en ocasiones que se frisa ante cualquier elemento que resulte desconocido y represente un peligro desde el punto de vista de su percepción psicológica. El plantel escolar es uno de los mayores centros generadores de temor para los niños, en ellos existe un mundo de elementos desconocidos para el novel estudiante, tales como: estudiantes, profesores, edificación, mobiliario y el ambiente mismo, a los que hay que acostumbrarse mediante la cotidianidad, y el enfrentarlo cada día originará la suficiente fortaleza para vencerlo. Afortunadamente, el hecho de desafiar los temores forja el carácter que define la personalidad y la capacidad para obtener resultados positivos al enfrentar los retos de la vida.

Dentro de todos los miedos que usualmente enfrenta el hombre, el de mayor impacto es llegar a la edad de adulto mayor, siendo la razón principal la herencia aprendida de los abuelos y bisabuelos. Mientras éramos niños los observamos enfrentar sus propios miedos y realidades, recordando de ellos, principalmente, sus gestos de cariño, en una composición de expresiones algo complicadas de definir, por su contenido de amor, deseo de corregir y aportar a la personalidad del infante. Pero también, en ellos se encarna la representación misma de los resultados de la degeneración biológica del ser humano, experimentando molestias y dolores que en ocasiones los ungüentos y analgésicos resultan ineficientes para calmarlos. Y sin pretenderlo, los niños crecen con la codificación de una experiencia de vida al lado de personas que, en su momento, emocionalmente, llegaron a representar a sus padres biológicos y, a menudo, en su mundo de ternuras hacia sus nietos, su cariñosa presencia llega como la mágica combinación de un cóctel de frutas con sabores agrios y dulces; mucho amor para sus nietos y la expresión de dolor producto de los malestares corporales.

Lamentablemente, todavía persisten y hasta crecen las razones para que el hombre tenga miedo, frente a la incertidumbre de no controlar lo que pasará mañana, primero con su estabilidad económica, que de alguna manera es un componente importante de su tranquilidad emocional, porque no debe ignorase la existencia de una sociedad de consumo, generadora de necesidades, bombardeando constantemente a las personas por diferentes medios, presentándoles como necesidades bienes y servicios tan superfluos que en realidad resultan verdaderas exageraciones. De esa forma, el hombre se ve conminado a consumir desde los tenis de marcas, hasta el auto nuevo, estando su automóvil actual en perfectas condiciones y él sin los recursos que les permitan realizar ese cambio de automóvil, si no se resiste, entonces se embarca en compromisos de financiamientos para complacer la influencia publicitaria. Esto ocurre por el temor a quedarse atrás frente a esa sociedad que exige un mayor nivel de consumo y hasta clasifica y califica a los seres humanos por su capacidad económica para poder encajar en esa carrera por contribuir a la masificación de una industria que nunca para de producir. No obstante, a pesar de las gestiones de las campañas publicitarias y las redes sociales como medios de publicidad y divulgación masiva, se hace imprescindible controlar el futuro y la economía personal, desarrollando la capacidad de reorientar y administrar de forma inteligente las prioridades financieras del núcleo familiar, para lograr un futuro con tranquilidad y seguridad.

La indiferencia y el miedo

La indiferencia es el desinterés que siente una persona hacia algo o alguien, por condición natural o invadida por el temor de ser atrapada en su indefensión, llegando a sentirse desprotegida e invalidada para actuar sobre un evento que reclama su atención y acción; y así, llega a sentirse amenazada y afectada sensiblemente en su capacidad de reacción. Esto demuestra que la indiferencia no solo radica en los malos, sino que los buenos, en sus deseos de auto protección, se comportan indiferentes ante situaciones que realmente los conmueven, paralizados por el temor de socorrer a un semejante y que como consecuencia pueda recibir un efecto negativo mediante una agresión física o emocional. Esto puede suceder cuando se presencia una injusticia física, laboral, judicial o social y callas por el temor de ser cancelado, golpeado o señalado por plantear tu posición ante ese hecho y genera una reacción contraria, en una acción impulsada internamente por el miedo.

Enfrenta tu miedo

La clave para vencer el miedo es enfrentar los elementos que le dan vigencia, inmediatamente sucedan las situaciones originadoras, los temores se desvanecen, como una llanta con un escape, que lentamente pierde la expansión que la presión del aire acumulado le causa. Más adelante, serán analizadas las razones intrínsecas del miedo al retiro laboral y a la entrada en la etapa de adulto mayor, exponiendo los metas mensajes que confunden y generan desaliento al tratar de entender un concepto que los científicos, en su momento, deben reconsiderar lo razonable de su aplicación o tratamiento en las definiciones de los ciclos de vida del hombre y la mujer. En el prefacio de esta obra, se mencionan los diferentes ciclos de vida y el último enumerado es el de "adulto mayor", que al relacionarlo con el retiro laboral lleva al individuo el mensaje oculto de que la persona en esta condición se encuentra en el final de su vida, cuando en realidad, solo está arribando a un nuevo ciclo, en donde se encontrará con nuevas oportunidades y excelentes razones para continuar viviendo.

Las redes sociales con gran entusiasmo, se hacen eco de un evento que confirma que la edad es solo un número. La señora Ángela Álvarez, a los 95 años, gana un Latín Grammy, como mejor nueva artista. Esta noticia secuestra la atención del mundo artístico latinoamericano y gran parte del universo, porque alberga la esperanza de que muchos artistas nominados a lograr alguna estatuilla incrementen sus expectativas de triunfo, por lo que representa un excepcional y emocionante logro para una mujer a la edad de Ángela, representando un mensaje de esperanza para todos aquellos que pueden sentir temor por la incertidumbre que engendra el hecho de aproximarse a la edad del retiro laboral, que no han logrado ver en ese retiro una gran oportunidad de reinventarse y alcanzar metas que las ocupaciones laborales le habían reprimido. Esta historia de Ángela, podemos verla replicada en esas personas que siempre quisieron completar sus estudios y que después del retiro laboral se regalan la satisfacción de terminar una carrera profesional a los 70 años, un logro que genera satisfacción, bienestar personal y ejemplo familiar.

Hay personas que viajar en avión las paraliza, hombres y mujeres, incluyendo hombres que deciden tomar un trago antes o después de atarse el cinturón de seguridad en el asiento del avión. Previo al proceso de abordar, otros, aterrados por las circunstancias a enfrentar, deben tomar medicamentos para relajarse, sin pensar que este miedo no tiene más objetividad que sus propias percepciones de un medio de transporte que, aunque seguro, lo hace sentir lejos de la firmeza de la tierra. No obstante, la fragilidad de este medio de transporte representada por su propia realidad de moverse en los espacios, lo cierto es que las estadísticas demuestran que son menos los accidentes aéreos promedios que los ocurridos en vehículos de transporte terrestres, sin importar la cantidad de ruedas que tengan. Las personas temerosas de viajar en avión conocen estas estadísticas, pero aún así, continúan aferrados a su miedo, que se manifiesta cada vez que deben utilizar estos medios de transportes, y con frecuencia, con el trago o los medicamentos.

Capítulo IV

Planificando el futuro

Mi plan de vida

Por definición, la planificación es un proceso en donde se establece una meta por alcanzar y se definen las vías o estrategias para hacerlo posible. El proceso de planificación es utilizado por las empresas como método para el correcto manejo de los principios funcionales que le permitan diseñar las prioridades para lograr los objetivos planteados, minimizando los riesgos que puedan originar discrepancias importantes entre los resultados obtenidos versus los programados. Este ejercicio financiero no es exclusivo de las empresas y grandes negocios, las personas físicas pueden beneficiarse de él, asumiéndolo como comportamiento normal de vida, y realizar planificaciones a corto, mediano y largo plazo, para disponer de un instrumento financiero que le viabilice el control y logro de los objetivos esperados.

Sesgo cognitivo

El sesgo es la dirección, correcta o no, que toma un asunto específico, mientras que la palabra cognitivo hace referencia al cerebro y su capacidad de procesar las informaciones que recibe del exterior. Vistas estas definiciones, podemos colegir que el sesgo cognitivo es la capacidad del cerebro de buscar soluciones inesperadas y en ocasiones inimaginables, acerca de un tema específico que puede estar en dirección contraria a la realidad. Esta condición interpretativa del cerebro puede originar fracasos al tomar rutas que no conducen al objetivo definido. Tu plan de vida no debe ser objeto de un sesgo cognitivo, que te induzca a pensar en su postergación, por considerar que existen otras prioridades que superan su importancia.

¿Cuándo planificar?

Un joven de 21 años de edad, finalizando los estudios universitarios, es un buen prospecto para iniciar sus primeros pasos en la planificación de su futuro inmediato y de lejano plazo. La planificación es un mecanismo que facilita mantener el control sobre los objetivos que se desean alcanzar y los medios para hacerlo posible. Por consiguiente, un joven académico puede tomar el pensum de su carrera y, conforme a las materias que les quedan por cursar, establecer una estrategia para concluir sus estudios en una fecha futura específica; pero también, aún siendo joven, puede realizar un plan de vida en donde establezca los puntos más importantes que desea mantener vigentes en su vida productiva, luego de concluidos sus estudios universitarios, tales como:

- **Desarrollo de la carrera profesional:** generar las estrategias personales que faciliten concluir la carrera profesional y visualizar si ella, una vez terminada, será desarrollada en el sector público o el privado, en el país o el extranjero; manteniendo estas expectativas fijas en su plan de vida, definiendo con claridad lo que desea alcanzar y las acciones necesarias para hacer realidad sus aspiraciones, considerando que el poder de la voluntad humana facilita generar las condiciones para lograr que las cosas ocurran.

- **La pareja deseada:** no debes dejar al azar las características de esa persona con la que deseas pasar el resto de tu vida y con la que formarás una familia funcional, construida sobre la base de principios y valores, que les permitan forjarse en verdaderos ejemplos para la sociedad, igual que pasó contigo y los aprendizajes de tu hogar paterno.

- **La cantidad de hijos deseados:** hacer el ejercicio de la cantidad de hijos deseados es de alta valoración y de extrema importancia, por los elevados costos de su formación académica y los demás elementos necesarios para ofrecerles una vida digna.

- **Hogar propio:** es saludable desear un hogar propio pero no significa que esto será un pre-requisito para formar un hogar. Lo sugerido es que sea una meta y trabajes en ello siempre; el sentido de pertenencia del hogar de residencia le proporciona a la familia seguridad y tranquilidad emocional.

- **Un automóvil:** el automóvil debe ser una aspiración que no compita con las necesidades básicas de la familia. Por tener un auto nunca debe sacrificarse el acceso a la formación académica de los hijos y los bienes y servicios que son prioritarios para la sobrevivencia y el buen funcionamiento del hogar. En este sentido, resulta contraproducente incurrir en endeudamiento que amenacen el presupuesto familiar, por el solo hecho de tener un auto.

- **Educación de los hijos:** la educación escolar es una de las mayores cargas que enfrentan los padres de familias en los países subdesarrollados, esto así, porque la educación pública en adición de ser muy ineficiente representa un riesgo para la seguridad física y emocional de los hijos, y, por otro lado, las colegiaturas privadas son tan costosas que para los padres de clase media representan una excesiva carga presupuestaria.

- **Retiro por vejez:** tratar este tema provoca incertidumbre y cuestionamientos, porque sugerirle a un joven de apenas 21 años de edad incluir en su plan de vida el tema de la vejez, a simple vista puede resultar extemporáneo, pero, aunque ese joven lo vea lejos, desde que inicie la época productiva, con ella también comienza su avance hacia la etapa del retiro laboral y entonces nunca verá cuál es el momento apropiado, a menos que lo interiorice como una realidad.

- **Razones para ser feliz:** no existe una razón para ser feliz, tampoco hay que plasmar en un plan de vida la decisión de ser feliz, pero el hecho mismo de impulsar esta posición existencial en cada miembro de la familia tiene un gran valor, porque como familia hay que fomentar e incentivar una positiva actitud hacia la vida y el

35

bienestar existencial, debido a que el control generador de la felicidad reside en cada individuo y nadie más tiene influencia alguna para cambiar esa realidad. No obstante, padres felices pueden ser buenos ejemplos e incentivar y contagiar esta actitud en sus hijos, un estado interno que permite estar en armonía con Dios, el entorno y la sociedad; y es que, para una persona que se ha decretado un estado de bienestar emocional, nada externo le puede socavar su felicidad.

Estos puntos en el plan de vida no son excluyentes, sugieren que se mantienen pendientes temas importantes en la planificación personal, los que debemos cumplir satisfactoriamente, sin que ello signifique que no habrán de explorarse otras opciones. Sin embargo, hay que insistir en mantener el control de la planificación y su oportuna ejecución, la cual puede experimentar revisiones periódicas, pero con la salvedad de que siempre existen puntos que deben mantenerse invariables, entre los cuales estará el tema del retiro laboral por vejez, que es el mas propenso a ser obviado por la lejanía psicológica de su realización. Esto sugiere que es necesario apostar a que dentro del presupuesto familiar se destinará un porcentaje predeterminado para el fondo de retiro.

El señor José Alberto Mujica Cordano, mejor conocido como Pepe Mujica, expresidente de Uruguay, percibido como un hombre esencialmente austero, dice: **"Cuando tú compras algo, no te equivoques, el instrumento es la plata con la que tú estás comprando, pero en realidad estás comprando con el tiempo de tu vida que tuviste que gastar para tener esa plata, quiere decir que cuando tú gastas, en el fondo lo que estás gastando es tiempo de VIDA que se te fue"**. Este razonamiento de Don Pepe Mujica nos sugiere usar el dinero ganado con el convencimiento del sacrificio que nos ha costado obtenerlo, sobre todo cuando es el resultado de largas jornadas laborales, en donde invertimos la mayor parte de nuestro tiempo; en este sentido, se sugiere utilizar el dinero tomando en consideración el sacrificio implícito para obtenerlo, sustrayéndose de la tentación de gastarlo sin la madurez y previsiones que aconseja una correcta administración de las finanzas personales.

Estrategias de seguridad

Un ciudadano trabajador y que planifica su futuro, enfrenta diversas amenazas que les llegan por diferentes vías: en primer lugar, se sitúa la delincuencia común que sigilosamente te persigue y asecha, el delito cibernético y el sistema piramidal, entre otros. El delincuente común te monta vigilancia o sencillamente te asalta en el primer momento que se le presente, con la ventaja de disponer del elemento sorpresa, porque mientras él se pierde y confunde en la muchedumbre, tú, como presa, ignoras cuándo y cómo te sorprenderá el delincuente y en cualquier momento te conviertes en su víctima. En el caso de los delitos cibernéticos, se te complica aún mas conocer su origen, porque sus instrumentos para acceder a tus informaciones personales y recursos financieros se mueven a través de las redes de la Internet, pudiendo tus defraudadores estar ubicados en otro pueblo, país o continente, por lo que a menudo escuchas hablar de la globalización de los delitos cibernéticos. Para evitar ser víctima de estos delincuentes hay que establecer estrategias, de las cuales te mencionaremos algunas para que inicies el proceso de ponérsela difícil a los delincuentes y hasta volverte invulnerable frente a sus más usuales métodos para delinquir:

Para evitar ser víctima de la delincuencia común, procuras no salir solo en horas de la noche, utilizas rutas diferentes para llegar a tu hogar, no lleves contigo efectivo en cantidades que amenacen tu economía, utiliza tarjetas de crédito para tus compras o consumos recurrentes, no exhibas prendas que puedan llamar la atención, no estaciones tu vehículo lejos de tu destino, y si tienes que hacerlo porque no hay servicios de valet parking, desiste de ir a esa actividad. El caminar te expone demasiado frente a los delincuentes; otra opción a elegir es ir en taxi, no se la ponga fácil al delincuente. Si vas a caminar en ropas de ejercicios, no lleves tu cartera contigo, tampoco cadenas, reloj y cualquier otro objeto valioso que pueda llamar la atención de los delincuentes. Evita dejar visibles objetos de valor en tu vehículo que puedan resultar atractivos para los delincuentes. Si vives en una torre, antes de salir de tu vehículo asegúrate de que algún desconocido no haya penetrado al parqueo, y si notas la presencia de un intruso no abandones tu vehículo, toca las bocinas para que la seguridad de la torre te auxilie. Algo muy importante:

si tomaste todas estas medidas y eres víctima de un asalto, no pongas resistencia, porque el tesoro más valioso que tienes es tu vida y debes tratar de mantenerlo contigo siempre. Nunca te creas más listo o valiente que el delincuente, recuerdas que el factor sorpresa colocó ventajas en sus manos. Siempre que tengas que hacer transacciones en más de un banco y no puedas realizarlas vía Internet, la recomendación es que elija la plaza o mall de tu preferencia, en ellas, los principales bancos están uno al lado del otro y puedes moverte o alternarlos con la certeza de que estás evitando ser víctima de la delincuencia. Estos no son tiempos de llevar o retirar importantes sumas de dinero de un banco y caminar con tranquilidad por las calles. Recuerda que en estos tiempos modernos tienes el banco en tu casa a través de los diferentes medios de conexión a las redes y debes utilizar estas facilidades, deja de ser análogo.

En relación con los fraudes cibernéticos o fraudes tecnológicos, por ser realizados principalmente a través de las cuentas bancarias, la sugerencia es que te asesores con los ejecutivos de negocios del banco con el que manejas tus finanzas y cuentas bancarias, sobre las medidas de seguridad que debes tener en cuenta para evitar ser víctima de fraudes cibernéticos, los principales bancos hacen grandes esfuerzos por incrementar la protección de los bienes de sus clientes, asesorándolos sobre las diferentes formas en que los clientes deben protegerse de los delincuentes. Mientras te asesoras con tu banco sobre las medidas de seguridad para evitar ser víctima de los defraudadores cibernéticos, sigue estos consejos: tus informaciones bancarias no deben descansar en tu móvil, porque si los delincuentes acceden a él, pueden robar esas informaciones y tener acceso a tus cuentas bancarias, asimismo, las claves utilizadas para los accesos a tus cuentas no deben estar relacionadas con tu nombre, fecha de nacimiento, cédula y no debes dejarlas visibles en ningún documento. Para acceder a tu cuenta vía online debes hacerlo utilizando la web autorizada por tu banco y evitar utilizar WI-FI público que no sea seguro. Los delincuentes crean web en Internet utilizando logos de bancos, y así, pueden robarle informaciones a los desprevenidos que desconocen esta debilidad y acceden a sus cuentas sin saber que ya están suministrando sus datos a los delincuentes y serán víctimas de un fraude. También hay que evitar responder correos electrónicos, recibidos desde direcciones desconocidas, con links hacia páginas igual-

38

mente desconocidas; evita ser sorprendido con llamadas desconocidas solicitándote informaciones sobre tu cuenta, aunque te digan que es de tu banco, debes ser cauto antes de compartir tus datos. Recuerda que sin tus datos personales y bancarios el delincuente cibernético no podrá robar tu dinero de tus cuentas bancarias o tarjetas de crédito.

Por último, hay que evitar ser víctima de una modalidad de fraude muy vieja, pero que se mantiene recobrando actualidad en una población atrapada en la indefensión, se trata del esquema Ponzi, que no es más que una forma de estafa piramidal, consistente en conseguir inversionistas prometiéndoles atractivas tasas de retornos, en formatos de pagar a los primeros inversores con los depósitos o inversiones realizadas por los nuevos inversionistas. Estos engaños permanecen hasta que se reduce la captación de nuevos inversionistas, reflejándose un incumplimiento de pago de los intereses prometidos a los primeros inversores, generando las reclamaciones del capital de aquellos que soñaron con alcanzar un incremento de su capital y en cambio cayeron en la trampa de unas personas, que les ofrecieron la seguridad de sus capitales y un exorbitante retorno del mismo, apoyados en unos mecanismos ilegales capaces de convencer a los incautos que creyeron que su dinero estaría seguro.

Procura que la daga de la ambición de ganar exagerados intereses no produzca una estocada mortal al corazón de tu sensatez. Protege tu capital con inteligencia, desafiando y burlando la sagacidad del defraudador, que utiliza todos los camuflajes posibles para poner sus manos sobre tus bienes. Es preferible mantener la seguridad de tus ahorros en la tranquilidad que puedes encontrar en los principales bancos comerciales y puestos de bolsas reconocidos, instituciones cuyas actividades son monitoreadas de manera rigurosa a través de los diferentes mecanismos de fiscalización establecidos por el Estado. Esas empresas que te ofrecen atractivos rendimientos por tu capital adolecen de regulación estatal, lo que se traduce en un gran riesgo para tu inversión.

El ahorro, su historia e importancia

Definir el concepto de la palabra ahorro, resulta simple y se refiere a la porción de los ingresos que decidimos reservar para propósitos y tiempos específicos, mientras que la historia del ahorro tiene sus orígenes en la historia misma del hombre, en tiempos que todavía se desconocía la capacidad de las personas de generar ingresos, ya el hombre sabía que debía hacer reservas de lo que tenía con el propósito de utilizarlo en el futuro. No obstante, sin la profundización histórica de la evolución del hombre que plantea Charles Darwin, en su libro: *El origen de las especies*, la cultura del ahorro nace y alcanza grandes dimensiones, simultáneamente con la necesidad del hombre por conservar parte de lo que consigue para tiempos de escasez. Hay que precisar que cuando el hombre carecía de los conocimientos matemáticos para contabilizar sus pertenencias, utilizaba rayas que representaban las unidades disponibles, después llegan los primeros ensayos del papel y con él la escritura y contabilización de elementos y cosas.

La importancia del ahorro, independientemente del propósito que la origine, es la disponibilidad de una robusta fuerza de voluntad para retrasar el uso de un bien, en dinero o especies, durante un espacio de tiempo corto, mediano o largo. Si el ahorro es en dinero, debe procurarse que el mismo obtenga la mayor combinación de rendimiento y seguridad posible en los diferentes instrumentos financieros disponibles, mientras que cuando el ahorro es en especie, su importancia estará asociada a la variación en el poder adquisitivo del bien al momento de disponer de él; siendo esta una forma de ahorro tan vetusta como el hombre mismo y que todavía mantiene vigencia, cuando habitantes de zonas rurales muy apartadas de las urbes, guardan parte de sus cosechas, principalmente frijoles y cereales, los que después de secados son almacenados en sitios adecuados para su conservación y posterior uso en tiempos de escasez. En referencia a este comportamiento, existe un proverbio popular que dice: **"guarda pan para mayo y harina para abril"**, haciendo alusión a las lluvias recurrentes del mes de mayo y que en ocasiones se tornaban torrenciales, que limitaban las actividades de los campesinos, teniendo que hacer uso de los productos que cuidadosamente guardaron para entonces.

Ahorro temprano para el retiro

Este es un tema obligado para los hombres y mujeres de países que, como República Dominicana, su sistema de gobierno no garantiza una política social que ofrezca a una persona en condiciones de retiro laboral por vejez, la protección que le garantice una estadía en condición de adulto mayor, disfrutar de una vida digna, con atenciones médicas, alimentación, cobija y medicamentos adecuados a sus condiciones. Entonces, los habitantes de una sociedad como esta, no deben vivir sus etapas productivas ignorando esa realidad que les espera cuando ya no tengan espacios en el sector productivo contratado, ahí radica la importancia de este punto en el presupuesto familiar.

Ese porcentaje de ahorro destinado al retiro no debe verse como un fondo al que se puede acudir y utilizar cuando ocurra la primera emergencia, para evitar su uso es necesario establecer los compromisos familiares que puedan protegerlos y por el contrario lograr convertirlos en fondos intocables. Entonces, para mantenerlos separados de las partidas destinadas a los gastos corrientes de la familia, debe especializarse una cuenta de ahorros en un banco comercial, y cuando se haya acumulado lo suficiente, proceder a invertirlo en un certificado financiero de depósito a plazo fijo con intereses capitalizables, o en cualquier otro instrumento financiero que te garantice la seguridad y mejor rendimiento posible de la inversión.

Una empresa que realiza una planificación de sus ingresos y gastos durante un período especifico, debe hacer proyecciones de ingresos y gastos realizables, pero que a su vez representen un desafío para la administración. En otras palabras, hacerlo posible de alcanzar, pero que requiera el mayor esfuerzo posible para el equipo de trabajo, pero que, a pesar del desafío, debe estar dentro de las posibilidades de la empresa, tomando en consideración los recursos disponibles: financieros, humanos, materiales, etc., sin embargo, si en la ejecución presupuestaria la empresa orienta recursos importantes a actividades no contempladas en el plan, es casi seguro que los resultados serán sensiblemente afectados por la falta de esa inversión realizada en un rubro no presupuestado. El presupuesto o plan de vida familiar tiene el mismo nivel de exigencia que el de la empresa; al momento de ejecutarse, la planificación personal debe realizarse en base a los ingresos reales que recibe la familia y circunscribirse a cubrir los desembolsos estimados.

La efectiva administración financiera de los ingresos personales y familiares nunca debe ser algo fortuito, tiene que ser una expresión natural de los cabezas de familia, logrando cumplir con el plan de ahorros consensuado, como forma de alcanzar las metas generales propuestas, tanto para la adquisición de bienes y servicios en corto y mediano plazo, como con los proyectados a tiempo más largo, incluyendo los ahorros destinados para hacer frente a las necesidades posteriores al retiro laboral. El ahorro como comportamiento recurrente debe estar en el ADN del individuo y es una de las tareas de mayor dificultad en su aplicación, porque se trata de recursos limitados, como son los salarios, para adquirir unos bienes y servicios cuyos precios se incrementan a un ritmo mayor que el crecimiento de los ingresos. Sin embargo, el ahorro, más que un deseo, debe ser una intención o convencimiento interno que puede transformarse en una necesidad que requiere ser trabajada continuamente, hasta convertirlo en un hábito.

Postergación del ahorro

La falta de una cultura de ahorros vuelve a las personas propensas a caer en el irracional comportamiento de postergar el inicio de su plan de ahorros, justificando su acción con una o más de las mil razones existentes para dejar a expensas del tiempo el inicio de los ahorros, y como dice el argot popular, "lo que se deja al tiempo, en el tiempo se queda". El problema consiste en que tal vez las posibilidades de ahorros de ayer estarán ausentes mañana, razón por la que muchas veces escuchamos a personas que han dejado pasar una buena oportunidad de ahorros, hablando de que cuando se le presente esa oportunidad nuevamente, harían las previsiones suficientes y adoptarían comportamientos diferentes a las erróneas acciones del pasado.

Anécdota: conocí un señor sin grandes estudios, pero con una interesante vivencia y que de manera jocosa hacía referencia a la siguiente reflexión: las manos hay que cerrarlas cuando tienen algo que conservar, porque cerrarlas cuando están vacías, solo puede originar que las uñas te corten la piel y entonces recuerdes tu culpa de perder la oportunidad de conservar en tus manos todo el amor, los ahorros, la gratitud y las vivencias positivas; pobremente administrados por ti en el pasado.

La estrategia del ahorro

Los expertos financieros aconsejan la diversificación del ahorro, como medida preventiva frente a eventuales situaciones de cambios del mercado financiero que puedan amenazar la estabilidad económica local o global y que pudieran colocar los ahorros en situación de riesgo de pérdida parcial o total, destacándose recomendaciones que encierran complejas combinaciones de ahorros, de las cuales hay que resaltar las siguientes:

– **Por tipo de moneda:** uno de los dilemas que enfrentan los inversionistas es la diversificación de sus inversiones tomando en cuanta el tipo de cambio, para evitar que una fluctuación importante origine la pérdida del capital. La fluctuación cambiaria o monetaria se origina cuando una moneda local experimenta un cambio en su apreciación respecto a otra moneda extranjera, impulsado por la oferta y la demanda en el mercado cambiario. Hay que despejar la incógnita y decidir qué porcentaje del capital invertido será en la moneda local y cuánto en la moneda extranjera (RD$-US$) y la decisión debe basarse en la volatilidad que pueda experimentar el tipo de cambio hacia el futuro cercano.

– **Por tipo de inversión:** la diversificación de la inversión procura una protección del capital frente a eventualidades que puedan afectar el sistema financiero. Para proteger el capital, la inversión debe realizarse atendiendo el tipo de producto financiero, clasificación de riesgos y mayor rentabilidad. Para una apropiada edificación sobre la clasificación y distribución de la inversión, como ejemplo se presenta el siguiente esquema:

43

20% Certificado a plazo fijo, con intereses capitalizables
30% Inversión desmaterializada del Banco Central
30% En fondos mutuos
20% Bonos

– **Por sector económico:** los sectores económicos son diversos y para el propósito de esta obra serán mencionados con preferencia el sector financiero y el inmobiliario, por ser estos, a los que tienen acceso los empleados y trabajadores que necesitan realizar inversiones con su fondo de ahorros orientados a hacer frente a su retiro laboral. Invertir en el sector inmobiliario puede generar una renta fija y mantener en el tiempo el valor del capital, excepto la ocurrencia de eventos catastróficos que dañen de manera importante la estructura del inmueble, o cambios producto de crisis del sector inmobiliario que genere un desinterés de los inversores. Ya en el año 2007 en Estados Unidos se registró la mayor crisis hipotecaria y que afectó sensiblemente los sectores financieros e inmobiliarios, los precios de las propiedades inmobiliarias experimentaron caídas que dieron al traste con el capital de miles de familias, que simplemente en un momento vieron esfumarse todo su capital.

Hay que tener pendiente que las instituciones financieras han implementado las asesorías financieras de sus clientes, por diversas vías y a las que tienen acceso todos ellos, ya sean reales o potenciales, accediendo a esas asesorías mediante visitas a los ejecutivos de negocios, a través de comunicaciones escritas, físicas o electrónicas. También puedes aprovechar los mensajes remitidos a los clientes para orientarlos sobre los beneficios que pueden obtener con una excelente administración de sus finanzas; antes de escuchar a una persona inexperta sobre finanzas, que quiere orientarte, dirígete a tu banco preferido y comunícale tu interés en ser asesorado adecuadamente, previo a tomar tu decisión. No obstante, los consejos profesionales del ejecutivo de negocios visitado, llévate todas las informaciones recabadas y en la calma de tu hogar toma la decisión más adecuada, la que te ofrezca mayor rentabilidad y seguridad de tu capital. A la hora de invertir no debes ser demasiado lento y tampoco muy ligero, es importante tomarte el tiempo razonable, el que te permita, como resaltamos, realizar una inversión segura y con el mayor rendimiento.

El presupuesto familiar

En general, los cabezas de familias deben asumir con responsabilidad el diseño y ejecución de la planificación de su presupuesto y que obedezca a la estructura de su plan de vida. Como primer paso deben detallarse los ingresos reales fijos y si hay variables, hay que establecer un promedio para incluirlos en el plan. En cuanto a los gastos, los conductores de la familia deben sentarse y detallar los gastos imprescindibles y los factibles de ser incluidos en el presupuesto, o sea, conciliar como pareja en cuales partidas invertir los ingresos familiares. Por ejemplo:

Ingresos:
    Sueldo fijo-------------------------40,000.00
    Ingresos extras---------------------11,000.00
Ingresos totales-----------------------51,000.00

Gastos:
    Alquiler de vivienda-----------------15,000.00
    Alimentación------------------------18,000.00
    Colegiatura----------- -------------- 5,000.00
    Transporte------------------------ 5,000.00
    Luz, agua y basura------------------ 3,000.00
    Fondo plan de retiro (5%) --------- 2,550.00
    Gastos varios-----------------------2,450.00

Gastos totales--------------------------51,000.00

Esta familia con ingresos de RD$51,000.00 mensuales, enfrenta la disyuntiva de cómo solventar la demanda de bienes y servicios durante cada mes, y para ayudarle a solucionar la incógnita le sugerimos el ejercicio que antecede, en donde se detallan las partidas imprescindibles para la sobrevivencia de todos sus miembros, incluyendo la colegiatura estudiantil. También, se incluye la partida de RD$2,550.00 que representa un ahorro familiar del 5% de los ingresos totales, destinado a la conformación del fondo de retiro que será utilizado por los padres llegado el momento de su cese laboral por vejez.

Mauricio Moreta

Ingresos insuficientes

Tanto en las empresas como en la economía familiar, en tiempo de abundancia resulta fácil planificar, más no así cuando los recursos son limitados y las necesidades amplias; una realidad que exige mayor esfuerzo para lograr mantenerse dentro del plan establecido, sin la necesidad de recurrir a endeudamientos que atan y consumen el presupuesto y amenazan la paz familiar. Endeudarse no es malo en sí mismo, el problema está en permitir que los gastos superen los ingresos sin tomar las medidas correctivas; en ocasiones puede tomarse prestado para un gasto superfluo, con el pretexto de que será corregido el mes próximo, pero lo que hoy es un desliz, mañana puede convertirse en un comportamiento rutinario, y poco a poco la mayor parte de los ingresos familiares estarán destinados a pagar altos intereses a bancos y prestamistas.

En el argot popular, se escuchan varios refranes alusivos al endeudamiento, utilizados como elementos de justificación de conductas divorciadas de una correcta disciplina de ahorros, y de los cuales, por su cotidianidad, haremos referencias a dos:

– **Hasta los ricos cogen prestado:** esta es una aserción que procura justificar las dificultades para ajustarse a los ingresos recibidos y no reparar en tomar prestado o a crédito.

– **Si no es cogiendo prestado o a crédito el pobre nunca tiene nada:** las personas deben tener todo lo que necesitan o desean en el momento que su economía lo permita, no hay que desesperarse y recurrir a endeudamiento por préstamos o compras a crédito, para tener algo cuya adquisición puede esperar a que las condiciones económicas mejoren.

Hay que experimentar la satisfacción de vivir sin deudas, no porque los ingresos sean abundantes, si no porque las finanzas están siendo manejadas de manera eficiente y con propósitos saludables, ajustando los gastos a los ingresos recibidos y procurando que haya un excedente de ingresos para destinarlos al ahorro. La liberación económica es originada por una vida libre de endeudamiento, hay que lograr la tranquilidad de que se pueden cobrar los salarios o ingresos con la certeza de que los mismos son suficientes para cubrir los gastos fijos y variables del mes, debido a que se tiene pleno control de las finanzas personales.

El endeudamiento

El ponderar, planificar y ejecutar un presupuesto personal, representa la principal herramienta para lograr una efectiva administración de las finanzas personales. Cabe destacar que hay profesionales especializados del área financiera que se dedican a ofrecer los servicios de asesoría financiera dirigida a pequeñas empresas y a particulares, mediante talleres presenciales y charlas vía Online. Estas orientaciones son de gran importancia para la familia, capacitándolos sobre la mejor forma de administrar sus finanzas personales y familiares, enseñándoles a identificar los mejores instrumentos financieros del mercado para colocar sus ahorros, tomando en cuenta los factores que garanticen: seguridad de la inversión, rentabilidad, flexibilidad, etc.

El principal aliado del endeudamiento es la cultura de consumo compulsivo, que induce a las personas que lo padecen a comprar bienes y servicios que no representan una necesidad perentoria. Los compradores compulsivos no paran de comprar y tienen siempre una excusa disponible para justificar su inadecuado comportamiento, de esta forma, si poseen una tarjeta de crédito la utilizan como si fuese una extensión de su salario, consumen todo el balance disponible con la excusa de que luego realizan el pago mínimo exigido por la institución financiera, sin pensar que están accediendo a un préstamo con la tasa de interés más alta del mercado. Hay que evitar caer en la trampa del comprador compulsivo, de comprar ropas, zapatos, enseres del hogar, paquetes de excursiones, fines de semanas en hoteles del tipo todo incluido y cualquier otra de las tantas ofertas que constantemente son publicadas en todos los medios de comunicación y redes sociales.

Capítulo V

El retiro laboral

Rol de las empresas frente al retiro por antigüedad

El retiro laboral continuará siendo una compleja mezcla sentimental de dulce y amargo mal equilibrado, la dulzura que encierra haber completado una larga jornada laboral, en la que se deja la mejor parte del pasado, los mayores impulsos con la fortaleza física y mental en su máximo esplendor, esfuerzos dedicados a la producción operacional de la empresa, con la expectativa de contribuir con su crecimiento y la esperanza de crecer simultáneamente con ella; pero que en ocasiones, los resultados son decepcionantes. Por otro lado, existe lo amargo de afrontar el retiro laboral, influenciado principalmente, por la percepción errónea de que este viene acompañado por el principio del final de la vida. Si bien el trabajador debe prepararse para decir adiós a su vida laboral contratada, en su preparación para asimilar este cambio drástico en su forma de vida, es importante disponer del acompañamiento de la empresa, ayudando al trabajador a ver normalidad en esta importante nueva realidad.

Las empresas, asumiendo su responsabilidad social, deben desarrollar programas de educación, adecuación y concientización de sus trabajadores, tanto en su preparación económica como en el ámbito psicológico, para el manejo adecuado del momento en que llegue el retiro laboral, lo que resultaría menos traumatizante para el trabajador al tener que manejarse en tan alta incertidumbre, en donde la mayoría de los trabajadores enfrentan este momento, sumergidos en un mar de lamentaciones por todo lo que no se previó y lo que sucederá a partir de ese instante, siendo la pregunta universal ¿y qué hago ahora? Un cuestionamiento que denota incertidumbre y falta de confianza en sí mismo, para enfrentar los desafíos de los años por venir. Todo esto por la ausencia de una preparación planificada con antelación, que propicie la confianza en sí mismo para afrontar los retos de esta nueva etapa en su vida. Unas acciones importantes a desarrollar por las empresas en favor de sus empleados pueden ser los talleres colectivos, orientados a la educación de sus empleados sobre el manejo eficiente de sus finanzas, para que puedan administrar sus ingresos y evitar el endeudamiento injustificado que tanto daño origina a su capacidad de ahorros.

De igual forma, y debido a la incidencia del componente psicológico en el manejo adecuado de los cambios experimentados por el hombre, las empresas deben coordinar talleres tendentes a construir un espacio de aprendizaje por parte de los trabajadores para entender y manejar internamente el tema del retiro laboral, viéndolo como algo normal y no como una tragedia. En este proceso de sensibilización sobre esta realidad deben integrarse al equipo de trabajo expertos en sicología, que dispongan de los conocimientos y preparación suficientes para orientar a los trabajadores sobre cómo alcanzar los resultados deseados por la administración de la empresa, en su beneficio, a fin de que puedan vivir una vida digna y plena en su retiro laboral, siendo resiliente para reinventarse y ralentizar su arribo al final del camino en la vida.

Tecnología, globalización y retiro laboral

La tecnología ha venido a facilitar la mayor parte de las actividades laborales, creando una compleja relación laboral entre patronos y trabajadores. Producto de la pandemia del covid-19, muchas empresas locales, gracias a la tecnología, diseminaron sus espacios laborales por todo el territorio nacional, con la modalidad de labores no presenciales, mediante conexiones informáticas desde sus centros de cómputos, utilizando dispositivos electrónicos (lap top y personal computer) localizados en las residencias de cada uno de sus empleados, creando una relación simbiótica en términos de beneficios, con la cual la empresa consigue importantes ahorros en el renglón de gastos generales aplicables a cada empleado, como son: electricidad, espacio físico, pagos relacionados con la higiene, refrigerios o coffe brake, subvención de alimentación, etc., y para el trabajador sus ahorros están concentrados en: transporte, combustible, mantenimiento de vestimenta, cosméticos, alimentación, entre otros.

En República Dominicana, las labores no presenciales anteceden al Covid-19. Ya a principios de este siglo fueron implementadas en el país por una empresa de adquiriencia, dedicada al procesamiento de medios de pagos electrónicos, al colocar una estación de trabajo en la vivienda de cada uno de los empleados de su fuerza de ventas, un modelo de trabajo conocido en el idioma inglés como **home office;** y que también se le denomina como tele trabajo o **work from home** en inglés. Para entonces, fue una novedad generada por la visión del líder de esa institución y a la que luego la pandemia del covid-19 vino a confirmar que era posible realizar la conexión desde las viviendas de los empleados con el centro de cómputos de la empresa, vía Internet.

El ánimo del ejecutivo de aquella empresa era que en adición a la economía de espació físico, prevaleciera la oportunidad de mejorar la calidad del servicio a los clientes, mediante el ahorro de tiempo, debido a que con la nueva modalidad, los empleados no tenían que ir temprano a la oficina y luego salir a las calles a completar sus programas de visitas diarias. Por consiguiente, la pandemia del covid-19 facilitó que este formato de trabajo a distancia se haya popularizado de tal manera que cuando del lugar desde donde se ejecute el trabajo se trate, se marcará un antes y un después de la pandemia. Esta realidad pronto generó la reacción del ministerio de Trabajo, institución oficial encargada de regular la relación laboral entre patronos y empleados que, en ausencia de una ley laboral que establezca las reglas sobre el funcionamiento del trabajo a distancia, emitió una resolución estableciendo ciertas regulaciones sobre este formato de trabajo y en adición promueve la revisión del código laboral, para adecuarlo a esta nueva realidad.

Continuando con el tema del trabajo a distancia, hay que considerar la globalización del trabajo, permitiendo que empleados de un país del Caribe, como República Dominicana, mantengan una relación laboral con una empresa radicada en Estados Unidos de América del Norte, la cual presta servicios a clientes residentes en Japón o La India, por mencionar dos puntos muy distantes del Caribe. Por consiguiente, en esta relación tripartita, es el empleado caribeño quien vía Online presta el servicio por cuenta de la empresa estadounidense al cliente japonés, en una muestra de la complejidad del empleo globalizado. En el aspecto de seguridad social, estos empleados enfrentan una mayor desventaja frente a los que laboran para una empresa local. El empleador participante en la relación laboral globalizada no aporta a la seguridad social del país, a favor de su empleado, y si un empleado trabajara bajo este formato hasta su edad de retiro, no recibirá aportes del sistema de seguridad social. La Ley 87-01, sobre la seguridad social dominicana, establece que los aportes para los fines de pensiones de los trabajadores serán realizados conjuntamente por el empleador y el trabajador. De esta forma, al no aportar al plan de retiro, necesitará un mayor esfuerzo y sacrificio en su fondo personal de ahorros para el retiro laboral.

Empresas y responsabilidad social

La empresa es una actividad comercial en la que convergen accionistas que ponen sus capitales para producir bienes y servicios que son ofertados a consumidores nacionales e internacionales, con la finalidad de obtener un retorno por su inversión que pueda competir con los rendimientos generados por los más atractivos instrumentos financieros del mercado y generar fuentes de empleos. Mientras que la responsabilidad social es el compromiso de ayudar a la colectividad, asumida como un conglomerado que realiza una actividad específica, mediante la cual genera acumulación de beneficios económicos o riquezas. Así, las empresas deben incluir en sus presupuestos y planificaciones a corto, mediano y largo plazo, proyectos de responsabilidad social, orientados a promover valores, apoyo moral y económico a sectores sociales que requieran ese tipo de asistencia, incrementando el cuidado de los niños de las calles, educación infantil, enfermos terminales, envejecientes, entre otros; también, promover el amor por los símbolos patrios, necesarios en el fortalecimiento del amor por la patria, ayudar en la concienciación de la ciudadanía sobre el cuidado y preservación del ecosistema del país.

El retiro laboral y la falta de planificación

Un dicho popular menciona que "los niños vienen con el pan debajo del brazo", pero su aplicación es visibilizada en los sectores de menores ingresos de los países subdesarrollados, como forma de justificar la falta de recursos para atender la interminable demanda de un bebé, en términos de alimentación, educación, medicamentos, vestimentas, visitas para chequeos médicos, etc. El proceso de gastos en un hijo durante sus primeros 20 años de edad es tan extenso e intenso que aún con esa edad la responsabilidad de los padres no termina y se mantiene la disposición de cubrirles los gastos hasta que completen sus estudios universitarios, incluyendo la maestría y otras especialidades que complementen su preparación profesional, sin importar que ya estén trabajando y casados. El interés particular de los padres es mantener los hijos centrados en sus estudios para que no interrumpan su preparación académica y adquieran los conocimientos suficientes en el orden profesional, de principios y valores que les permitan insertarse con éxito en el mundo laboral. Los esfuerzos y orientaciones de los padres deben inducir a sus hijos a construir un efectivo y funcional plan de vida, en el que su retiro por vejez mantenga vigencia, aunque sea un objetivo de tan largo plazo como los 40 años, que en principio se ve como una meta distante, pero que de repente, como el desvanecimiento de la ola al solfista, de repente nos sorprende su llegada.

La realidad es que nadie pasa de joven a adulto mayor sin transitar el lento recorrido de los 40 años posteriores a los primeros 20 años, tan lento como el congestionamiento de las grandes urbes del mundo a las horas de mayor circulación vehicular. Consecuentemente, durante todo el trayecto de la vida laboral, hay que disfrutar cada día, sin convertirse en esclavo del miedo a las consecuencias del retiro laboral. Cuando se dispone de tantos años para desarrollar el plan de vida, lo importante es mantener presente el objetivo. Transita la ruta hacia el retiro con mucha calma para mantener el control emocional y atender las demás actividades de la vida, tanto con la familia como en el plano laboral y de relaciones amistosas. Hay que mantener vigente en la memoria que la vida es para disfrutarla hasta el final. El mejor plan de vida es el que permite disfrutar cada día en paz y sin presiones adicionales a las exigencias del área laboral. Pero, sin una planificación estratégica resulta inalcanzable llegar al retiro laboral programado, con la suficiente tranquilidad y posibilidad de ser autosuficiente económicamente y con salud física y emocional.

La autosuficiencia extiende su competencia a las personas que generan los ingresos, administrándolos de forma eficiente para cubrir los gastos, siendo el tema personal el que mayor valor reviste en el interés de esta obra. Cabe destacar que para un envejeciente resulta traumático enfrentar el retiro laboral y la edad de adulto mayor, con una dependencia externa en términos económicos y de atenciones. La autosuficiencia entraña libertad e independencia; por lo tanto, una persona en estado de retiro laboral, dependiente económicamente de los hijos u otros miembros de la familia o del Estado, sobrevivirá su edad de adulto mayor, enfrentando situaciones de impotencias desafiantes y angustiantes, como las descritas a continuación:

– **Dependencia económica:** la limitación que impone la dependencia económica de una persona en edad de retiro por vejez reduce de manera importante el bienestar físico y emocional del individuo, principalmente, cuando en su juventud no dependió de auxilio alguno para solventar sus gastos. Resulta irrelevante la buena intención del familiar que se ocupa de cubrir sus gastos en su retiro, su condición de dependencia motiva el incremento de su angustia, porque el sólo hecho de tener que informar sus necesidades a otra persona, le genera un estado de ansiedad que interfiere con su capacidad de sentir el bienestar necesario para vivir un estado de felicidad. Una persona en estas condiciones, solicitando a un hijo o hermano que le compre algo que desea comer, o los medicamentos ya terminados, se enfrenta cada día a un desafío que pudo evitarse con la ejecución de un efectivo plan de ahorros para la vejez.

– **El retiro obligatorio:** este se produce cuando el patrono toma la decisión de terminar el contrato laboral con el trabajador, aunque lo haga en buenos términos, considerando el largo período de trabajo y la buena calidad de los servicios prestados a favor de la empresa. Esta es la peor forma de retirarse, porque denota una falta de planificación en términos de ahorros o de preparación emocional, por parte del trabajador. Independientemente de las formas, este tipo de retiro laboral siempre será frustrante y doloroso para el empleado, porque no es originado por una decisión resultante de un análisis y convicción personal; todo lo contrario, es una suerte de desprecio en la percepción de un trabajador que nunca se visualizó fuera de una empresa en la que trabajó más de tres décadas de su vida productiva. Pero es que, lamentablemente, en su vida productiva nunca hubo una planificación de su futuro en la que el retiro laboral fuera una realidad económica y emocional.

– **La realidad de la dependencia del adulto mayor:** ser dependiente de alguien, por sí solo, ya es decepcionante, y tener que depender de una persona que te reclama los sacrificios en que incurre por ti, es peor, y más si se trata de un hijo por quien asumiste gustoso todos los sacrificios para atender sus necesidades más perentorias y un poco más. Muchos son los hijos que asumen con gallardía la responsabilidad que demandan los padres en edad de retiro y nunca le reclaman nada, porque sienten gratitud hacia ellos, por toda su entrega y sacrificios. No obstante, lo mejor es que cada individuo pueda prepararse y llegar a esa última etapa de la vida con independencia económica, considerando que los hijos tienen sus propios desafíos económicos, en un sistema cada vez mas inflacionario. Pero lamentablemente, existen hijos que aunque la situación económica le sea favorable, exhiben un comportamiento de indiferencia hacia las necesidades de sus padres, en situación de adultos mayores. Y, en última instancia, si les cubren algunos gastos les reclaman por el esfuerzo que los inducen a realizar, sin considerar lo emocionalmente frustrante y humillante que resulta este comportamiento para sus padres.

– **Reducción de la calidad de vida:** una calidad de vida aceptable está sustentada en la existencia de la autosuficiencia económica que sustenta el bienestar existencial. No ocurre así cuando en una familia prevalece la dependencia económica que limita el acceso a todos los bienes y servicios, tales como: alimentación, visitas médicas, esparcimiento, vestidos, etc. Cabe destacar, el efecto emocional negativo que origina la dependencia económica de una persona que por más de 40 años fue autosuficiente y que ahora se ha enfrentado al retiro laboral, sin los ahorros y previsiones necesarios para llevar una vida digna y autosuficiente.

– **Incapacidad para iniciar una actividad económica:** muchas personas en estado de retiro laboral inician actividades generadoras de ingresos, compatibles con su edad y condición física, lo que le proporciona la satisfacción de continuar siendo productivos de alguna manera, y disfrutar de su condición de adulto mayor. Pero esto solamente lo pueden hacer los que tuvieron la certeza de preparar su plan de vida y se concentraron en darle continuidad a través del tiempo; en otras palabras, los que ahorraron, consistentemente, durante su época productiva.

– **Presunción de juicio social:** la falta de un adecuado plan de vida que prevea el ahorro para el retiro por vejez, genera un retiro forzoso y sin la preparación económica para enfrentarlo, creando la dependencia familiar para acceder a los bienes y servicios imprescindibles para la supervivencia. En adición a las precariedades, que por si sola representan una decepción para el individuo, el adulto mayor debe lidiar con la sensación de estar enfrentando el juicio social, porque le cuestionan su falta de control en sus años productivos, que le hubiera permitido realizar las previsiones suficientes que evitarían su dependencia económica después del retiro laboral.

El dinero y su poder

El dinero es un instrumento facilitador en el intercambio de bienes y servicios, indispensables para el sustento y desarrollo de las sociedades, al que los detractores y defensores aman por igual. Sobre el tema del dinero, la Biblia llama la atención en término del daño que puede causar la auto esclavitud que genera la acumulación compulsiva del dinero. En Mateo 19:23-24, la Biblia dice: "Entonces Jesús dijo a sus discípulos: de cierto os digo, que difícilmente entrará un rico en el reino de los cielos. Otra vez os digo, que es más fácil pasar un camello por el ojo de una aguja que entrar un rico en el reino de Dios". Sin embargo, en Génesis 3:19, se dice: "Con el sudor de tu rostro comerás el pan hasta que vuelvas a la tierra". En consecuencia, hay que concluir en el contexto de tener el dinero necesario para acceder a los bienes y servicios indispensables para la supervivencia; pero, evitar la actitud de acumulación compulsiva del dinero, facilitando la esclavitud que origina su atesoramiento desmedido.

Cabe destacar que el dinero en si mismo no alcanza desplazar las prioridades del hombre, esencialmente necesarias para sobrevivir en sociedad, tales como: valores morales y sociales, principios éticos y el estado individual de felicidad y bienestar; ellos son la plataforma que garantiza el equilibrio de una sociedad. Sin embargo, hay que volver la mirada al dinero, como medio de acceder a los elementales bienes y servicios necesarios para la subsistencia, especialmente en la zona urbana en donde todo hay que comprarlo, y por eso en todo el recorrido de esta obra es mencionada la importancia del ahorro, recurriendo a esa cultura de ahorro previsor y que ha sido utilizada por el hombre desde los tiempos prehistóricos.

El retiro laboral, una nueva forma de vida

Tratar el retiro laboral, es ocuparse de dejar atrás las largas y agotadoras jornadas laborales, generadoras de un gran cansancio físico y agotamiento mental. Desde hace tiempo te has preparado económica y emocionalmente para el retiro y ahora lo ves como el pase a una nueva vida, en donde tienes retos y vivencias diferentes por experimentar, muchos sitios por descubrir y nuevas costumbres que desarrollar, ahora que, con alegría, puedes desconectar para siempre la tormentosa alarma que durante tantos años pudo interrumpir ese hermoso sueño, especialmente en tiempos de lluvias, cuando la cama te seduce, para que te quedes un poco más y el cuerpo asienta complacido, aunque la responsabilidad laboral llama, pero, afortunadamente, ahora el retiro laboral se encarga de colocar todo eso en el pasado; ya te retiraste y esos compromisos están ausentes de tu cotidianidad, los cuales, ocasionalmente, compitieron contra tus excepcionales condiciones de empleado responsable y cumplidor. Tranquilo, no te preocupes si llegas a extrañar esos tiempos que ya pasaron.

Al vencer el pesimismo, se puede ver el retiro laboral lleno de expectativas y la esperanzas de una vida rica en bienestar personal, aunque hay que estar abierto a descubrir nuevas oportunidades de vivir, por eso la importancia de que a muy temprana edad los hombres y mujeres sean capaces de crear la conciencia de que el retiro laboral es una realidad y hay que asumirlo como tal, planificándolo económica y mentalmente, tratando de establecer su momento adecuado, evitando en lo posible que sea la empresa que te sorprenda con la noticia de un retiro forzoso. De esta forma, llegado el momento esperado, estarás en condiciones de disfrutar el viaje hacia la independencia y montarte en un tours que te lleve por mundos nuevos de libertad. Para el retiro laboral, hay que eligir el momento y la época adecuada, desestimando las decisiones apresuradas para evitar ser sorprendido por eventos controlables que puedan amenazar tu seguridad. No obstante la época elegida, procura ser un turista que disfruta su viaje por la vida, aprovechando la nueva oportunidad de continuar viviendo, disfrutando cada día y cada oportunidad de vivir nuevas experiencias. Y recuerda: perdiste el derecho a estar enrolado en el sector laboral pagado, pero en cambio has ganado el privilegio de tener la oportunidad de experimentar nuevas y fantásticas vivencias.

Ya en el retiro, debes considerar todas las situaciones y actividades que puedes desarrollar para incrementar tu calidad de vida. Confías en tus capacidades para reinventarte y lograr poner las situaciones a tu favor, aunque debes visualizarte viviendo un retiro con entusiasmo y confiado en ti mismo, debes mantener en tu plan de lucha por la felicidad todas las actividades relacionadas a continuación sin que sean excluyentes:

– **Actividad económica o emprendimiento:** si las condiciones te son favorables y la economía personal lo requiere y facilita, puedes iniciar alguna actividad que no requiera tanto tiempo, de manera que no compita con el tiempo de descanso, esparcimiento y disfrute que te planteaste. Nunca tomes un nuevo trabajo a tiempo completo, a menos que tu plan de retiro haya sido deficiente para adquirir los bienes y servicios imprescindibles en tu cotidianidad; es que ahora debes ser dueño de tu tiempo, para dedicarlo al disfrute de tu nueva vida.

– **Visualiza el futuro cercano y vívelo antes de su llegada:** hay que continuar ejercitando la mente, leer libros, preferiblemente novelas de grandes escritores; las historias mantienen las neuronas activas y eso es beneficioso para conservar la salud mental y mejorar tu longevidad. Procura tener una actividad en donde la mayor parte del tiempo esté utilizando la mente. En Internet existen muchas actividades orientadas a ejercitar la mente y puedes acceder a ellas, mediante el móvil, una tablet, una laptop o cualquier otro dispositivo-devoice. En otras palabras, vive el presente sin importar que sea la edad de retiro, pero, al mismo tiempo, ubícate en el futuro y visualízate en una posición exitosa y feliz cuando llegue el momento de tu retiro laboral, el poder de tu mente te ayudará en la construcción de tu felicidad presente y futura.

- **No vivas en solitario:** el hombre y la mujer son seres vivos, que comparten la necesidad de vivir en sociedad y hay que evitar por todos los medios que el retiro laboral sea motivo de aislamiento social. Continúa compartiendo con las personas que te generan bienestar espiritual, esos amigos que siempre te acompañaron y se preocuparon por ti, y que ahora siguen buscándote, sin importarles que tu vida laboral haya cesado, que ya no estás manejando los recursos financieros ni desempeñando las posiciones de decisiones que antes generaban el interés de codiciosos camaleones. Para que puedas cuidar tu salud mental y no sientas frustraciones, como es separada la paja del trigo, debes diferenciar entre tus amigos, aquellos que fueron atraídos por la posiciones que desempeñaste en tu vida laboral, y no por ti.

- **Estrecha los lazos familiares:** ya estas en retiro y tienes el tiempo suficiente para compartir más con tus familiares cercanos, estrechando esas relaciones que por el trabajo estuviste relegando en el tiempo, ahora es un buen momento de reconciliarte con ellos y fortalecer esas relaciones. Tus padres, hijos, hermanos, nietos y sobrinos estarán contentos de compartir nuevamente contigo, sobre todo, poniendo en primer plano esos temas que en reuniones familiares son perfectos para afianzar las relaciones que tanto bienestar aportan a la familia.

– **Esparcimiento:** como la vida continúa, debes concentrarte en ejercitarte, aunque ya no correrás como cuando tenías aquellos primeros 20 o 30 años, ahora debes caminar en espacios más seguros, preferiblemente en parques, pero si no los tienes cerca, camina bordeando la manzana de tu casa, siempre que sea apta y no se convierta en un peligro para ti; y en última instancia, ejercítate realizando caminatas dentro de tu vivienda, yendo de la sala a la habitación. Pero, en fin, ejercítate, mueves los brazos y si es posible te compras unas pesitas de cinco libras, para que calientes los músculos; recuerdas que te quedan muchos años por vivir y debes mantenerte en forma. Si vives en un edificio con ascensor y decides realizar ejercicios utilizando las escaleras, te recomendamos solamente subir, ya que los expertos aconsejan tener cuidado al bajar las escaleras por los daños que ese golpeo origina a las articulaciones inferiores y a la columna vertebral, provocando el desgaste de los cartílagos que impiden el rozamiento o fricción de los huesos; los cartílagos están compuestos de colágeno, agua y proteoglícanos.

– **Tus relaciones con los nietos:** poder sentarte en un parque, bajo el regazo de la sombra de un frondoso árbol y chocar puños con un nieto, es una experiencia embriagante. Muchos abuelos suelen decir que los nietos se quieren más que los hijos, la realidad es que sí, que los hijos no llegaron a disfrutarse con la vida tan liviana de cargas, como ocurre con los nietos, ahora que estás en retiro y disfrutas compartir con ellos.

Además, el cariño por los nietos es una extensión del amor por los hijos, sintiéndose en la interacción con ellos, el pago de una deuda de cariño hacia los hijos, producto de las responsabilidades laborales. Por consiguiente, si los nietos se quieren más que los hijos es, principalmente, porque están recibiendo el cariño de su condición de nietos y la deuda de tiempo de amor acumulada con sus padres.

– **Una vida en libertad:** el retiro laboral ofrece la oportunidad de vivir en libertad, despojándote de las cadenas impuestas por el tiempo y su prisa. Ahora, siendo libre de lunes a viernes, no serás sorprendido por la alarma del reloj en tu móvil, exigiéndote salirte de la cama, asearte y disponerte a enfrentar el desafiante y caótico tránsito vehicular de las grandes ciudades, una de las mayores torturas psicológicas a la que se enfrentan los trabajadores en su ida y retorno del trabajo. Todo lo contrario, ya en retiro, eres dueño de tu tiempo y puedes meterte o salir de la cama cuando se te antoje, disfrutando de una paz invaluable, sobre todo si realizaste las previsiones suficientes en tu época productiva, tanto en el orden económico como en término psicológico. Es que, como mencionamos anteriormente, para disfrutar el retiro hay que incluirlo en el plan de vida como proyecto de preparación personal.

– **El cuidado de la salud:** cuidar de la salud es una responsabilidad del ser humano en cada una de las distintas etapas de la vida, el chequeo médico periódico constituye una herramienta importante como prevención para mantener buenas condiciones de salud, porque las enfermedades descubiertas a tiempo tienen mayores posibilidades de ser curadas. No obstante estas previsiones, hay que evitar exponerse a esas actividades físicas que pueden convertirse en una amenaza para la salud, así como también, cuidar la calidad de los alimentos que se ingieren y los excesos en frecuencia y volumen. Es un deseo generalizado arribar a la etapa de adulto mayor en buen estado de salud, con la finalidad de poder disfrutar mejor los años por venir, disminuyendo la cantidad de visitas médicas y las tortuosas dolencias.

– **Eres un banco de consultas:** una de las principales características del hombre es la capacidad de almacenar informaciones, a las que puede acudir y consultar siempre que lo encuentre necesario. Así, las personas en retiro se convierten en bancos humanos de datos que pueden utilizarse en asesoramiento, siendo útil para personas externas que en ocasiones pagan por las orientaciones recibidas y los amigos, hijos, nietos y demás familiares que frecuentemente piden les hablen sobre temas diversos de experiencias pasadas. Ahora eres un centro de información y consultas, para lo que debes estar disponible y dispuesto, sobre todo cuando los nietos, ávidos de información, se acerquen a ti para satisfacer sus curiosidades mediante cuestionamientos relacionados con la vida misma o simplemente sobre una historia familiar específica.

– **Reacciones afectivas:** consecuentemente, con el retiro se generan diversas reacciones de amigos y compañeros de trabajo que, en su mayoría, sorprendidos por tu retiro, se acercarán con expresiones de cariño y afectos reiterados; y recibirás manifestaciones de apoyo por tus excelentes condiciones humanas, principalmente por:

Valores morales y sociales: durante tu vida laboral pudiste mantener presente los valores morales y profesionales en tu relación con todos los niveles de la sociedad, lo que te garantiza la satisfacción de que los seres humanos con los que te relacionaste, recordarán con gran entusiasmo ese trato especial recibido en sus intercambios laborales y sociales contigo.

Principios éticos: tus compañeros de trabajo, incluyendo los supervisores y ejecutivos, te recordarán como un empleado excepcional, que exhibió el mejor de los comportamientos en tu condición de colaborador y ejecutivo, defendiendo siempre los mejores intereses de la institución a la cual brindaste tus valiosos servicios.

Compañerismo: cuando los excompañeros de trabajo expresan sus sentimientos de estima por la suerte de haberte tenido como compañero de labores y recuerdan tus beneficiosas acciones en su favor, reflejando un gran sentido de compañerismo.

Relación de pareja: una demostración de satisfacción de tu pareja es fácil de advertir, estará contigo en ese momento y te mostrará su apoyo incondicional, animándote a ver el futuro con optimismo y motivándote a evadir la intención de interrumpir tu viaje en el bus que cómodamente te transportará por las grandes carreteras y autopistas de la vida.

Gratitud de los hijos: si desempeñaste una paternidad responsable, tus hijos estarán a tu lado, motivándote a continuar viviendo y disfrutar esta nueva etapa en tu vida. Se volverán tus cómplices y consejeros, ofreciéndote sus conocimientos sobre el manejo y comportamiento económico y social de los nuevos tiempos, de los que te quedaste algo rezagado por la violenta velocidad de sus cambios, basados principalmente en lo relativo a la tecnología (Internet), como mecanismo diseminador de la comunicación universal y canalizador de la globalización de los negocios.

 – **Sobre el capital acumulado:** ahora sabes cuánto tienes y que solo tú eres responsable del monto disponible, pero ya no debes preocuparte si tienes poco o mucho, el dinero que falte hay que buscarlo y si es suficiente, el que permanezca después de tu partida lo gastarán tus familiares o descendientes, siendo este gesto una demostración de responsabilidad y desprendimiento, al dejar parte del capital acumulado a tus seres queridos.

 – **Relación social:** los amigos de entonces, lo que valoraron tu amistad, continuarán buscándote para mantener vivo ese contacto amistoso que los acercó a ti durante muchos años, lo que demuestra que fuiste empático, inteligente y respetuoso en tu trato con los demás.

 – **El contagio de tu felicidad:** en tus épocas de largas jornadas laborales fuiste responsable y elaboraste tu plan de vida, ahorraste correctamente para tu retiro por vejez y ahora estas retirado, siendo autosuficiente y con la capacidad de decretar una contagiosa felicidad, admirada por todos los que te rodean. Mientras tanto, pocos entienden las razones de tu bienestar, considerando que después de tantos años de labores ininterrumpidas, ya estás retirado, pero solo puede verse tu felicidad, que es consecuencia de un control emocional que te permitió encontrar en el retiro una gran oportunidad, o lo viste con optimismo y no con el pesimismo que elimina toda esperanza de disfrute de la vida y deseo de éxito en el hombre. En consecuencia, todos quieren ser exitosos como tú y tienes la inmensa oportunidad de utilizarlo para orientar a jóvenes y no tan jóvenes, para que tomen los correctivos en sus vidas.

Los impuestos vs jubilación

Una de las principales dificultades afrontadas por las personas en condición de retiro, es que el Estado no tiene política tributaria a favor de los envejecientes, exhibiendo un comportamiento exagerado en perjuicio del bienestar de las personas en condiciones de retiro laboral. En este caso, el legislador debe sensibilizar las leyes y ordenanzas mediante las cuales el estado cobra a los ciudadanos los diferentes impuestos y arbitrios, para que liberen de su pago a las personas que han sido empleadas durante toda su vida y que ahora están cesantes en condiciones de adultos mayores. Es inaceptable que una persona que estuvo tributando durante toda su vida laboral, tenga que continuar pagando impuestos hasta de los intereses que generan los ahorros destinados a solventar sus necesidades básicas. Pero también, si la persona en edad de retiro tiene la oportunidad de prestar algún servicio de asesoría y generar ingresos por cualquier otro medio, la imagen del tío Sam **"una expresión referente al gobierno de Estados Unidos, en el aspecto impositivo"** persigue a este contribuyente para que cumpla con sus obligaciones tributarias. Es por eso que el Congreso debe legislar a favor de las personas en condiciones de adultos mayores, que no tienen una vida laboral o empresarial activa.

El ánimo del párrafo anterior es motivar una acción legislativa orientada a beneficiar a todos los adultos mayores de 65 años en condición de retirado laboralmente, liberándolos de las cargas impositivas directas, estableciendo claramente que estas exenciones aplican únicamente a los adultos mayores de 65 años que no mantienen una actividad productiva a través de un empleo remunerado o un negocio propio que genera ingresos y que, eventualmente, después de su retiro, continuará siendo operado por sus familiares. Con esta acción, o exención tributaria, el Estado asume una medida favorable a favor de los envejecientes, y de paso demuestra no ser tan insaciable, cobrando impuestos de unos pocos ingresos generados por los ahorros de las personas retiradas. Y consecuentemente, esta iniciativa puede extenderse al sector financiero privado, que en su condición de agentes de retención del Estado, cobran a envejecientes cuotas impositivas por pagos relacionados con su alimentación y medicamentos, pero también realizan cargos por servicios y manejos de cuentas de adultos mayores, que igualmente pudieran tratarlo como parte de los costos de su responsabilidad social, o tal vez, que los bancos comerciales reciban del gobierno algún incentivo tributario por estas acciones a favor de los adultos mayores.

Una política inclusiva

En los tiempos modernos, diversas organizaciones sociales reclaman mayor sensibilidad de instituciones que históricamente han ignorado a las personas con algún tipo de discapacidad, pero afortunadamente, estamos observando con optimismo que algunas instituciones gubernamentales de servicios sociales, grupos corporativos, grupos sociales, organizaciones sin fines de lucro, etc., se inclinan por adoptar políticas inclusivas, que se refieren específicamente a la disposición de contratar personas con condiciones especiales por las cuales históricamente han sido excluidas de programas y círculos sociales, prefiriendo simplemente girar la cabeza y negar una oportunidad a individuos con condiciones especiales. De alguna manera los adultos mayores sufren un tipo de exclusión, motivado en principio por la degeneración biológica que limita su desempeño en lo referente a la parte motora y cognitiva. No obstante, la realidad es que existe ese nivel de discriminación y las instituciones del gobierno deben liderar y generar un cambio propiciador de facilidades que beneficien a los adultos mayores que tanto necesitan la oportunidad de continuar realizando actividades que prolonguen sus expectativas y calidad de vida después del retiro laboral, facilitándoles un estado de bienestar emocional.

El entusiasmo generado por la satisfacción de actuar en favor de aquellos que han visto cerradas las puertas de las oportunidades, adquiere dimensiones inconmensurables y redobla su importancia cuando se trata del principal evento de la moda celebrado cada año en la República Dominicana, como lo es el desfile de moda **RD Fashion Week**, que en el año 2022 puso de manifiesto su interés de promocionar a República Dominicana como un destino turístico de la moda, también se aseguró que el mundo viera el interés de este país en promover la inclusión, incorporando en el programa de tan atractivo evento la participación de privados de libertad, niños y niñas adolescentes en condiciones de calles, personas con alguna discapacidad y adultos mayores. La participación de una persona mayor de 60 años en la pasarela de la moda de este importante acontecimiento, le representa un estado de alegría que desborda todas sus expectativas de triunfos hacia sus años por vivir, incrementando exponencialmente su potencial generador de felicidad, porque lejos de sentirse acabado, experimenta la sensación de éxito que, con una reacción en cadena, contagia y estimula a todos los adultos mayores del país.

Longevidad o juventud

En los últimos años hemos visto con agrado que los avances científicos han provocado una importante mejoría en la esperanza de vida del ser humano, producto de mayor conciencia sobre el manejo de la forma de vida, tanto en el aspecto de alimentación, en las prevenciones de enfermedades, como en el descubrimiento de medicamentos curativos de enfermedades que en épocas pasadas causaban la muerte a millones de personas en todo el mundo. Esta realidad ha originado que los rangos de esperanzas de vida sean incrementados de manera importante, llevando a estudiosos a sugerir sustituir el término de la tercera edad, por el de longevidad, para referirse a adultos mayores. La longevidad, se refiere a las personas que alcanzan vivir durante largos tiempos, independientemente de las condiciones de felicidad, tristeza o enfermedad que tengan que enfrentar.

Lo importante es que las personas de avanzada edad sean felices, resilientes y capaces de vivir la vida en bienestar, sin llegar a confundir la longevidad y felicidad con juventud, siendo esta última, la etapa en donde el ser humano alcanza el clímax de vigor y fortaleza que puede experimentar, luego viene la conservación del bienestar físico y mental, que facilitan una buena apariencia a lo largo de la longevidad. Volver a la juventud después de superar las seis décadas resulta una aspiración exagerada, siendo lo más razonable, trabajar en la resiliencia para buscar mejores oportunidades productivas, de diversión y enriquecimiento personal; que generen apasionamiento con el propósito de mantenerse en la ruta de una vida plena, saludable y feliz.

Mauricio Moreta

La eterna juventud – ¿mito o realidad?

Mito es una historia imaginaria que construye formas simbólicas que esencialmente procuran distorsionar la realidad de los elementos a que hace referencia; mientras que la realidad es algo cuya existencia se puede comprobar; la juventud es la etapa de la vida localizada entre la infancia y la madurez. Las características de la juventud son diversas y de permanencias limitadas, ejemplo: enérgica, decidida, desafiante, aventurera, solidaria, exploradora, entre otras muchas cualidades. Observando las definiciones, confirmamos que la juventud eterna es un mito, porque los adultos mayores prefieren ir a lo seguro, aunque en casos especiales podamos ver algunos ufanarse de estar en mejores condiciones que nunca, actitud que aplaudimos por lo saludable que resulta que las personas mantengan sus deseos de disfrutar cada día como si fuera el último de sus vidas, pero hay que ser prudente para no caer en exageraciones, porque a través de los años tu buena apariencia genere en los demás la percepción de que disfrutas de la eterna juventud. Son muchas las cosas que dejamos al pasar el tramo de la juventud y que por más esfuerzos que hagamos no podremos volver a tenerlas, lo importante es continuar disfrutando de la vida, siendo ejemplos para los demás, mostrando una predisposición a sentir un bienestar que refleje la felicidad que puede vivirse al paso de los años; en donde las personas se reinventan y pueden convertirse en vivos ejemplos de que la vida se disfruta en todas las etapas, porque la felicidad y el bienestar emocional son temas relacionados con la preparación para vivir la vida hasta el último aliento, en el que desconectemos todos nuestros sentidos y emprendamos nuestro maravilloso viaje al infinito.

Capítulo VI

Viviendo la felicidad

Adulto mayor, mala reputación o realidad

La mala reputación de la etapa de adulto mayor puede ser superada por la realidad de una mejor expectativa de vida, un cambio de resultados que se logra impulsando la fortaleza interna de cada individuo, que le permita mantener el control de sus ideas y emociones, concentrando sus energías en actividades que le produzcan resultados favorables y generadores de mejores esperanzas de bienestar. Al recurrir a la interpretación lingüística de la palabra reputación, se puede deducir que responde a la percepción colectiva sobre la forma de vida de los individuos que en este caso se encuentran en la etapa de adultos mayores, atribuyéndole a esta condición características de ilusión fatal, limitando su posibilidad de superar la esperanza de alcanzar una oportunidad de sobrevivencias con las expectativas de continuar creciendo en lo económico, social y personal. Afortunadamente, la felicidad es un estado existencial que te acompaña en todo el trayecto de tu vida, tuya es la decisión de asumirla, sentirla y contagiar con ella a todos los de tu entorno familiar y amistoso.

Sientes y exhibes tu felicidad

La felicidad es un estado anímico emocional que refleja un bienestar interno, producto de elementos motivadores, que en ocasiones provienen de agentes externos, aunque lo auténtico y perdurable es que proceda de una auto motivación creadora de un estado de satisfacción que induzca a liberar energías positivas generadoras de ese sentimiento de tranquilidad existencial en todas las acciones realizadas, incluyendo la inactividad. En consecuencia, ser feliz es una decisión individual de la que cada hombre o mujer es responsable, ya que los bienes materiales pueden llegar a ser unos elementos motivadores de felicidad, pero con efectos efímeros, debido a que el estado de felicidad real es el generado internamente, cuando el individuo se convence de haberlo decretado, a pesar de recibir mensajes y meta mensajes del exterior, carentes de potencial para crear sentimientos de felicidad.

Cabe destacar que las personas reciben consistentemente códigos erróneos de bienestar, que nada tienen que ver con la felicidad en su estado de realización individual. Y es que la felicidad es tan particular que el logro de un objetivo generador de bienestar funciona en una persona, mientras que en otra no causa ningún impacto emocional; todos los individuos tienen la facultad de decidir y asumir la felicidad como una forma de vida. El bienestar que genera el estado de felicidad de mayor duración es el que se origina en la decisión interna, orientada a sentirse pleno, no así los casos de incentivos externos, por ejemplo:

– **Aumento salarial:** el aumento salarial no es un agente motivador y generador de una felicidad con vocación a permanecer en el tiempo. No obstante, la importancia de los aumentos salariales a los empleados mejora la capacidad de adquirir más y mejores bienes y servicios para el consumo familiar. Por sí solo, el incremento salarial no genera un estado de felicidad de larga duración, porque después de recibirlo pronto el empleado se acostumbra a gastar el monto del aumento recibido y se esfuma ese estado de holgura económica que sintió el día que lo cobró por vez primera.

– **Compra de un auto:** ese primer día en que es conducido el nuevo auto se genera un contagioso estado de bienestar colectivo que toda la familia transparenta, porque toda su atención está centrada en el nuevo miembro de la familia, sintiendo que son una familia exitosa, y lo son. Sin embargo, en la medida que avanza el tiempo y el auto se va transformando en solo un instrumento de transporte de la familia, esa emoción primera y sentimiento de felicidad poco a poco se desvanecen. Y es que la felicidad es más que un incremento salarial o la compra de un auto, las personas tienen que decidir ser felices, aunque no exista nada material como incentivo.

– **Una villa en un complejo:** adquirir una mansión en un complejo de acceso a clases medias o altas, representa un importantísimo logro para toda la familia, en principio, la alegría y felicidad florece y los viajes de fines de semanas se hacen frecuentes, para celebrar tan importante conquista, demostrando el nivel de satisfacción colectiva. Todos los miembros quieren viajar los fines de semanas a disfrutar de la piscina y cada espacio de la nueva mansión. Pero un día, de repente la otrora felicidad generada por la villa va disminuyendo y algunos de los miembros de la familia prefieren quedarse en la ciudad, porque el viaje es muy largo y desean compartir con los amigos en un club nocturno de la ciudad. De pronto, nadie siente y ni recuerda la felicidad que en principio les inspiró la mansión, y ahora, la mansión es sólo una casona sola, y si la dejan un poco más sola, pronto la naturaleza reclamará el espacio que ella le quitó. La capacidad de generación de felicidad auténtica habita en cada hombre y mujer.

– **La riqueza y su poder:** el dinero en sí mismo no es malo, afirmarlo representa la negación de una realidad de la que nadie puede sustraerse y del que depende la humanidad para subsistir, ya que, la producción de bienes y servicios necesarios para el desenvolvimiento social requiere de capital. No obstante, la incidencia del dinero en la economía global, su acumulación no brinda felicidad a la persona que lo posee, todo lo contrario, muchos hombres y mujeres que han tenido la oportunidad de generar y acumular grandes riquezas han dado muestras suficientes de no estar viviendo una felicidad plena; esto así, porque el dinero no puede transformarse en agente creador de felicidad. Con gran pesar vemos a menudo que personas con grandes fortunas son ejemplos de infelicidad extrema, generadora de depresiones, ocasionalmente insuperables. Maneja eficientemente tus finanzas, como forma de evitar la dependencia económica, pero decreta ser feliz en todo el trayecto de tu vida y que tu felicidad exhiba una completa independencia de la influencia económica.

– **Las promociones y el estatus social:** escalar posiciones de importancia en el núcleo laboral se coloca dentro de todas las expectativas del hombre y la mujer, tanto en el ámbito laboral como en lo social y político. Y la pregunta obligada es: ¿Por qué sucede este

71

deseo desmedido por alcanzar posiciones en la vida profesional, cuando hacemos tanto énfasis en destacar la importancia de auto desarrollo y el crecimiento de una posición existencial generadora de felicidad interna? Es que estas son dos realidades que no admiten simplicidad en su análisis. Desde niños el hombre y la mujer son educados para que sean exitosos y el éxito se mide por las posiciones alcanzadas, tanto en los negocios, como en su rol social y familiar; pero también, con insistencias se les pide que sean felices, resaltando que la felicidad es lo más fácil de alcanzar, por ser una decisión individual de cada persona. Entonces, lo importante es hacer conciencia de que una cosa son los éxitos profesionales, y otra, muy distinta, es la capacidad de desarrollar las cualidades generadoras de un estado existencial que permita entender que la felicidad es una decisión particular de cada persona.

— **La tecnología como modelo generador de riquezas:** en los últimos tiempos se vive un auge de los nuevos millonarios resultantes de las facilidades operacionales de la tecnología, así pueden verse empresas que son verdaderos ejemplos facilitadores de riquezas, que van desde navegadores web, hasta usuarios de Internet que han hecho fortunas desarrollando diferentes tipos de negocios en línea, tan variados que pueden ir desde tiendas virtuales, hasta los denominados influyentes o marketing de influencers. Justo es reconocer la velocidad con que cambian las condiciones económicas de los que desarrollan sus negocios a través de estos medios tecnológicos, aunque al acumular las riquezas muchos sientan el mismo vacío existencial que padecen otros que han forjado sus capitales por los medios tradicionales, debido a que solo se trata de un cambio conceptual en la generación de riqueza; porque el bienestar se mantiene centrado en el autodesarrollo económico. Sin embargo, no se trata de desprestigiar a las personas que han logrado desarrollar sus negocios por estas plataformas, lo importante es que esos logros estén acompañados del desarrollo interno sobre los valores que abren la puerta de acceso a la felicidad y el bienestar verdaderos.

Decreta tu felicidad

Al ver el significado del verbo transitivo decretar, encontramos que se refiere a una acción que denota el poder de instruir con autoridad, por lo tanto, si una persona puede emitir órdenes hacia afuera, no cabe discusión de que igual puede hacerlo hacia su interior. Ya lo dice la Biblia "Dios hizo al hombre a su imagen y semejanza", asignándole poder y facultad de pensar y actuar, en relación con los demás y con él mismo. Es contagiosa la inocente y espontánea sonrisa de un recién nacido o un infante, que sonríe sin que exista una razón a la vista de los adultos; pero esa capacidad de sonreír, no se desvanece con el pasar de los años, nace y muere con el individuo, siendo observada en el niño recién nacido y en el adulto mayor cuando en la paz de su lecho de muerte recibe la presencia del Espíritu Santo a través de la luz que lo invita a seguirla por el sendero con arbustos florecidos, luciendo los mil colores de los nardos, azucenas, margaritas, violetas, jazmines y tantas otras flores que con sus llamativos colores y olores tan penetrantes como contagiosos, inducen al moribundo a extasiarse en la plenitud del paraíso, al que brinda una sonrisa cargada de emoción y gratitud por tan bella forma de descansar y sentir la muerte como una gran oportunidad de despedirse de la vida, y que interpretamos esa tenue sonrisa como un gesto de agradecimiento a la vida, a los que partiremos luego y a la paz sentida al despedirse.

No permitas que el contexto de tu entorno social te imponga los parámetros que en sus valoraciones definen la felicidad, porque el bienestar existencial es una condición individual y depende de ti mismo. Existen diversas técnicas de desarrollo humano para implementar herramientas que te ayuden a crear las condiciones de control emocional orientado a generar bienestar interno, siendo el análisis transaccional una de las mejores y más efectivas herramientas, por permitir la decodificación de la posición existencial de los individuos, atendiendo a los diferentes estados o etapas que componen la vida del hombre. En consecuencia, estas técnicas de comportamiento humano promueven la motivación de la capacidad humana para elegir y adoptar posiciones existenciales que, como recursos emocionales, permitan enfrentar exitosamente situaciones específicas.

Capítulo VII

Elige lo correcto

La verdad del espejo

El pensamiento es la condición humana que permite al hombre formar una idea y una imagen que represente la realidad o ficción deseada, y que en un momento específico le facilita verse como lo desea, así puede crear su auto imagen en un ambiente de felicidad o de fatalidad. En ese sentido, hay que mencionar las personas que se perciben con optimismo y siempre ven en sus reflejos a un ser exitoso y bello, mientras que otros, al pensar en sí mismos, solo alcanzan a ver puros fracasados y reflejos abominables. Una anécdota resalta el comportamiento de una mujer campesina que era físicamente muy hermosa y que antes de cumplir los 40 años, un día, mientras realizaba la rutina de acomodar lo que de ella no requería arreglo alguno, observó en aquel reflejo algunas muestras del inicio del fin de aquella belleza física, mediante las huellas de las expresiones faciales, y decidió nunca volver a ver el reflejo de su rostro, porque detectaba la idea de verse atrapada por la vejez.

Fue tanto el rechazo a la vejez que sintió aquella hermosa mujer campesina, que provocó la ingenua maldad en sus sobrinos infantiles, que espejos en manos, la correteaban por el patio de la casa procurando que volviera a ver el reflejo de su imagen, algo que nunca ocurrió; ella había renunciado a disfrutar su vida por no ver la transformación de la parte externa de su cuerpo, nunca fue consciente de que aceptando esos cambios biológicos podía encontrar el verdadero secreto de la vida y comprobar que la felicidad de estar vivo no reside en cómo se vean la piel arrugada y los músculos flácidos; que la importancia de la vida tiene su razón de ser en tu capacidad para disfrutar de ella, y para lograrlo eres dueño de la magia del pensamiento, que te ofrece la libertad de verte en las condiciones que decidas, mejorando tu estado de bienestar espiritual.

Cabe destacar que el hombre tiene una gran limitación para verse por fuera, especialmente en los contornos de la cabeza y la espalda; para lograrlo, necesita un instrumento que origine los reflejos de su imagen y, para esos fines, inventó el espejo en sus diferentes modalidades. Por consiguiente, el espejo como herramienta para un esmerado acicalamiento facilita observar los cambios experimentados por el correr del tiempo y se pueden disfrutar esos cambios de tonalidades de los cabellos, como señal de que el tiempo está pasando, y en lugar de sentir tristeza, hay que verlo con satisfacción y optimismo, por los tiempos pasados y las empinadas montañas que fueron exitosamente escaladas y por las oportunidades futuras con sus vivencias extraordinarias. Mirar hacia atrás es ver el camino recorrido en donde libramos grandes batallas con éxitos y algunos fracasos, todos llenos de aprendizajes que requieren ser valorados por igual, con un rico contenido de información útil para continuar obteniendo logros o para eludir resultados indeseados.

Ahora que eres beneficiario de la condición de adulto mayor, te sorprenderás saber que hay cosas comunes de los hombres y mujeres de etapas pasadas, que ahora debes evitar y asumirlas como prohibidas, si aceptas con dignidad este maravilloso momento:

– **Conflicto de identidad:** recordar que, aunque eres adulto o adulta en el caso de las damas, ya tu etapa de adulto adquirió un lujoso apellido y ahora caes dentro del renglón de adulto mayor. Y aunque debes disfrutar la vida, es necesario evitar todo lo que para ti represente un deporte extremo. A continuación, un menú de actividades riesgosas para un adulto mayor:

Montar bicicletas: el montar bicicletas es sin dudas un excelente deporte para adolescentes, jóvenes y adultos; no así, para adultos mayores o personas de la tercera edad y su dificultad para responder oportunamente a la reacción de sus reflejos ante la presencia de un evento peligroso. No debes insistir en este deporte cuando necesitas sentir tus pies seguros en el piso. Cabe destacar que, si en tu juventud fuiste un excelente deportista del ciclismo, como todos los deportistas, llegado el momento se retiran, también tú debes acogerte a esa enmienda y con resignación aceptar que ahora este deporte debe permanecer solo en tus recuerdos.

Anécdota: una mañana de domingo, en mi acostumbrada caminata de adulto mayor, en el parque Mirador del Sur, o parque de la salud, como suele llamársele, sin desearlo, fui testigo del error de dos adultos mayores montando bicicleta. En el kilómetro 0, en donde están colocadas las barreras para evitar el acceso de los vehículos a el área de ejercicios, dos amigos adultos mayores en sendas bicicletas, dispuestos a dar la vuelta, el más experimentado guiaba a su compañero sobre la conducción de su bicicleta, pero como señalamos anteriormente, uno de los adultos mayores, dominado por la torpeza de la edad, perdió el equilibrio y como estaban paralelos, en segundos, ya ambos atletas, de la tercera edad, estaban en el piso, uno y su bicicleta encima del compañero y la suya. Así quedaron, en pleno pavimento y se encontraban tan entrelazados bicicletas y adultos mayores que resultó necesaria la intervención de otras personas para separarlos y ponerlos de pie. Afortunadamente, este evento no superó un raspón en la rodilla de uno de los veteranos atletas del ciclismo.

– **Fiestas nocturnas:** tus amigos más jóvenes o de tu misma edad pueden tratar de convencerte de acompañarlos en una actividad nocturna que se torna alegre y entretenida, pero ya cuando eras joven pudiste vivir esas emociones, ahora lo seguro para ti es estar en casa temprano, disfrutar tu descanso y desestimar una invitación a realizar una parranda nocturna que ya resulta arriesgada para tu salud.

– **Pareja con edades desproporcionadas:** si eres adulto mayor y estás sobre los 60 años, evita el error de una relación arriesgadas con una persona mucho más joven que tú, porque puede resultar una carga de sobrepeso. Si los 60 años te llegaron sin la pareja que tuviste en la juventud, no realices un deporte extremo, y trata de conseguir una pareja con edad razonablemente proporcional a la tuya.

– **Negación de la realidad:** ya eres adulto mayor y muchas situaciones asociadas con esa condición humana provocarán tu rechazo o negación, sobre todo a los eventos que exhiban la discrepancia biológica que te separa de una persona joven; es un comportamiento

77

que lleva a quien lo experimenta a rechazar la realidad de las condiciones de adulto mayor que ahora te toca vivir, así puede verse en el golf, por ejemplo: algunos adultos mayores se niegan a utilizar el beneficio que les brindan las reglas del golf, de salir de una base adelantada-amarilla, no aceptan salir de esas bases, para evitar que los compañeros le observen su condición de adulto mayor y lo traten como tal. Hay que evitar atrincherarse, negando la verdad sobre la degeneración biológica del ser humano en su condición de adulto mayor y asumir con dignidad y orgullo esa etapa o ciclo de vida, aprovechando los beneficios que la misma ofrece, como es el caso del golf como deporte, que te facilita la oportunidad de disfrutarlo con tus amigos, al permitirte compensar la pérdida de destrezas y fortalezas en las distancias alcanzadas con cada hierro, para que te sientas y ejerzas tu competencia con opción a obtener resultados favorables frente a tus compañeros de juego con edades inferiores a la tuya.

– **Compra de motocicleta:** es magnífico e ideal llegar a la edad de adulto mayor gozando de buena salud física y mental, pero estas condiciones deben ser un incentivo para disfrutar la vida con comedimiento, sin dejarte seducir por tus excelentes condiciones de salud y creerte un hombre de mediana edad, porque ya no lo eres. Por lo tanto, como ahora tienes los recursos y el tiempo libre, no decidas comprar una gran moto para demostrarles a todos lo fuerte, seductor y todavía joven que eres. Es tiempo de reflexionar y evitar abusar de la suerte de llegar a los 60 años en salud y con un poco de vigorosidad, porque si te compras esa moto, te caerás y entonces sabrás lo difícil que resulta para un adulto mayor sanar una fractura de hueso, debido a lo ineficiente que a esa edad, es el funcionamiento del sistema digestivo para aprovechar las calorías, calcio, proteínas, antioxidantes y lisinas, contenidos en los alimentos que consumes y que son necesarios para la rápida unión y sanación de tus huesos.

– **Apariencia física obsesiva:** muchos adultos mayores muestran una obsesión por aparentar condiciones juveniles, cuando lo importante es sentirse feliz y conforme con las actuales condiciones físicas, priorizando más que la apariencia externa, el estado de salud, paz y felicidad que brinda una hermosa etapa que debe reflejar tranquilidad y deseo de continuar disfrutando de la vida.

– **Actividades sociales:** ciertas actividades sociales pueden resultar una carga insostenible para tus finanzas, convirtiéndose en una amenaza para tu capital personal. Hay que hacer el ajuste económico y elaborar un nuevo plan, en donde no estén frecuentar los sitios y actividades que requerían la incursión en gastos superfluos que ahora no aportan valor a tu vida, aunque ocasionalmente te consientas al regalarte algunos disfrutes excepcionales.

– **Cambio de auto:** sin la necesidad de mantenerte en movilización constante, resulta innecesario cambiar tu auto y mucho menos para comprarte uno deportivo. Es contraproducente gastar dinero en autos, cuando lo aconsejable es invertir en actividades que generen ingresos. Recuerdas que el auto, desde que sale del concesionario comienza a perder valor y así continúa hasta que tú salgas de él.

– **Las visitas al supermercado:** comprar abastecimientos para reponer la despensa, es una oportunidad para disfrutar sin realizar aquellas alocadas carreras por todas las estanterías, chocando con todos y a todos los que te encontrabas en el camino, debido a que tenías que llegar a resolver tus tareas laborales. No señor, ahora tienes todo el tiempo que desees, puedes contar tus pasos por los pasillos, entre góndolas repletas de productos que en su mayoría no entiendes para que sirven, aún así, y como te sobra el tiempo, disfrutas observando los precios, cada envase con sus múltiples colores y el exagerado volumen de informaciones en letras tan pequeñas que ni tus lentes medicados te permitirán ver con claridad los distintos componentes descritos minuciosamente en sus etiquetas. No importa cuánto alcances a leer o a tocar, simplemente disfruta tu visita al supermercado y entre empujar el carrito y caminar de un lado al otro, habrás ganado la distracción del día y para cuando regreses a tu casa, todavía frescas las diferentes imágenes de los productos observados en los anaqueles, te darás cuenta de lo hermosa y mágica que es la vida y los valiosos momentos que puedes vivir.

Hay que aprovechar el retiro laboral y los múltiples beneficios de esa grandiosa y hermosa etapa de la vida, en donde te encontrarás con las gratificantes oportunidades de renovar y revalorizar tu expectativa de vida, producto de muchas actividades que tienes permitido realizar, tales como:

– **Viajes al interior y al exterior:** debido a que no tienes obligaciones diferentes a las relacionadas con tu felicidad, tienes la oportunidad de viajar cuando se te antoje y las posibilidades económicas te lo permitan, tanto al interior del país como al exterior, si tienes familiares que puedas visitar está muy bien; y de lo contrario, hazlo en tours, de los que organizan empresas dedicadas a esos fines. El riesgo de exponerse a la delincuencia se reduce cuando los viajes son realizados en grupo.

– **Libertad de utilizar tus ahorros:** la insistencia en ser comedido en el gasto se mantiene, aunque siempre que tus ahorros lo permitan debes disfrutar de las cosas que más te interesan, y sin dejar de ser precavido hay que disfrutar de algunos consentimientos, una copa de vino, una cerveza, una comida especial, un viaje que realizar, etc. De todas formas, debes permitirte disfrutar de tus ahorros, especialmente si fuiste capaz de ponerlos a trabajar para ti. No obstante, debes evitar convertirte en víctima de la maquinaria de consumo del mercado, que consistentemente, y utilizando todos los medios de promociones existentes, te incita a consumir bienes y servicios que no forman parte de tus necesidades primordiales.

– **Actividades lúdicas:** ahora que eres adulto mayor, cualquier movimiento relacionado con el ejercicio de tu cuerpo te está permitido, independientemente del lugar en donde te encuentres. Ahora todos lo verán como la necesidad de ponerle calor a tus músculos un tanto adormecidos, así si te encuentras en un restaurante, en la iglesia de tu preferencia, en el parque o en cualquier centro social, puedes ponerte de pie, sin molestar a los demás y estirar tus músculos sin que ellos represente una notable falta de tu parte. Por lo tanto, es tiempo de experimentar en todo su esplendor las diversas satisfacciones de las actividades lúdicas, que pueden transportarte a ese estado de placer y satisfacción física y espiritual que te mereces.

– **La fe religiosa:** todos verán normalidad en la decisión de tu acercamiento a la iglesia, renovando tu fe cristiana, y aunque los incrédulos tratarán de entorpecer este sano propósito en tu vida, la mayoría con gran satisfacción te reconocerán la fortaleza de tan importante decisión de buscar paz al abrigo del Espíritu Santo. Sin dudas, este accionar repercutirá en agigantar tu paz interna y manejará las situaciones que el futuro te depare con mayor inteligencia, porque tu mente estará en contacto con una fuerza poderosa capaz de producir en ti bienestar espiritual.

– **Preparación para el final:** El volver a sentir la presencia de Dios genera en ti la tranquilidad suficiente como para tener la iniciativa de coordinar en vida tus honras fúnebres y no dejar esa tarea a tus familiares, reconociendo la muerte como una realidad a la que tarde o temprano te enfrentarás, siendo una sorpresa para algunos y para otros algo avisada, al llegar mientras aguardas en un lecho, pero si pudiste realizar exitosamente tu plan de vida, fácil te resultará decidir y encargarte en vida de tus exequias. Puedes elegir que tus restos sean cremados o que reciban la tradicional cristiana sepultura, para lo cual puedes considerar, en coordinación con tus familiares, adquirir un panteón en un cementerio privado, debido a la inseguridad reinante en los campos santos públicos. Si te inclinas por la cremación de tus restos, no te permitas esclavizar a tus hijos cargando tus cenizas en una vasija, hazle saber que quieres las esparzan en el océano o en cualquier otro espacio de tu preferencia.

Capítulo VIII

Curiosidades de la vejez

Refranes populares alusivos a la vejez

Con las connotaciones alusivas a los adultos mayores, en los sectores populares con frecuencia se utilizan elementos de comunicación referentes a fallas biológicas o asociadas con ellas, refiriéndose a las mismas, como consecuencia exclusiva del arribo a la última etapa de la vida. Aunque de manera graciosa y en ocasiones desproporcionadas, a menudo se observan estas expresiones:

- **En su cumpleaños:** en los cánticos de cumpleaños, los amigos cercanos suelen cantarle al homenajeado "más cerca de ti, Señor", en referencia al aparente poco tiempo de vida que le queda al cumpleañero.

- **Olvidar una idea en la conversación:** si el interlocutor que acaba de tener el desliz no pudo completar a tiempo la idea, sin importar que sea un adolescente, en forma despectiva le dicen "es que te estás poniendo viejo", como si el olvido fuera una condición exclusiva de los adultos mayores.

- **Ronquidos en el sueño:** este es el sonido que ocasionalmente se produce cuando al dormir, en el proceso respiratorio, el aire pasa por los conductos blandos que se encuentran relajados. Cabe destacar, que estas dificultades respiratorias les suceden a las personas desde la infancia, pero al referirse a esta condición en una persona joven, con frecuencia se escucha decir "ese ronca más que un viejo", sin ser una condición exclusiva de las personas de la tercera edad.

- **Pérdida del color en los cabellos:** el proceso biológico degenerativo afecta el cuerpo entero y los cabellos no escapan al mismo, reflejándose tanto en la pérdida de su color original como en la reducción de su volumen, pero hay personas que por diferentes razones a edad temprana pierden el color de sus cabellos, mereciendo el comentario de que "tiene más canas que un viejo", en el caso de la calvicie a destiempo suelen decir "ese está más calvo que un viejo".

– **Cuerpo encorvado:** cuando una persona al levantarse de su asiento siente molestias en la espalda baja, que le impiden incorporarse rápidamente y mantener la postura vertical, regularmente recibe el comentario de "está más doblado que un viejo", condiciones que no son exclusivas de los adultos mayores, porque muchos de ellos exhiben una postura saludable a pesar de la edad.

– **Tos recurrente:** el proceso gripal o simplemente congestión pulmonar, leve o no, origina una tos persistente que en los sectores populares suelen decirle a quien la padece que "tiene una tos de viejo", sin importar la edad del convaleciente.

– **Actitud de disfrute de la vida:** con frecuencia puede observarse el trato despectivo hacia una persona que está contenta, con la expresión de "ese viejo se cree que está vivo", como si por su condición de adulto mayor perdiera el derecho a sentir y disfrutar su bienestar. Mientras más edad acumulas, mayores razones tienes para celebrar las vivencias pasadas y la suerte de continuar agregando valor a la vida.

– **Herencias de la vejez:** por pobre que seas, para el ocio popular la vejez te vuelve rico, al adquirir: minas de sal y azufre, ingenio de azúcar, mina de piedras calizas, fábrica de grasa y, por si fuera poco, te vuelves propietario de más de una catarata en un país en donde los ríos están desapareciendo.

– **Virtudes inexistentes:** en una reunión de jovencitas, en un sector popular de la capital, escucho a una de ellas asegurar que nadie embaraza más que un viejo, refiriéndose a el adulto mayor. Nada más erróneo, porque el tiempo comprime y exprime todo lo que existe, poniendo las cosas en su justo lugar, enviando su factura a todos, sin la más mínima discriminación, siendo un gran ejemplo el temor que causa el nacimiento de una gigantesca ola en alta mar, con un extraordinario poder que infringe miedo al más experimentado marinero, pero que al seguirla puede notarse que en su recorrido hacia las orillas del mar, sus energías y furias van menguando, y lo hacen a tal punto que al llegar a las cálidas arenas de la playa, se diluyen y convierten en una refrescante caricia para el niño que trata de construir su primer castillo de arena. Así pasa la vida. El otrora hombre vigoroso, con la fortaleza para tomar un toro por los cuernos y llevarlo a respirar el polvo del suelo, con el paso del tiempo ve mermadas sus fuerzas; en una clara demostración de que al discurrir de los años todo cambia.

Obviando estas jocosidades populares, hay que destacar la importancia de tener la capacidad de disfrutar estar vivo, hasta el final de la existencia, y para lograrlo solo se necesita una actitud interna que te induzca a ver motivos para ser feliz en todos los espacios de las ciudades, en los frondosos árboles de los parques y avenidas, faunas y ríos de los campos, en el infinito estrellado o con la gran iluminación del astro rey, así como en las mágicas olas y la melodía generada en su recorrido hacia las orillas del mar, en el envolvente murmullo de las aguas del río en su deslizamiento por las piedras y cascadas. Y hasta en ese infinito en donde se pierde nuestra mirada, sobran razones para encontrarle valor a la vida. La felicidad no te llega exclusivamente del exterior, tu bienestar existencial reside en ti y solamente debes motivarlo y dejarlo salir, procurando contagiar a los demás con tu emocionante forma de ver la vida. No permitas que nadie llegue tan lejos y domine tu voluntad, desincentivando tu capacidad de generar tu bienestar y deseos de vivir con alegría la magia de cada día de tu vida.

Reflexión

Si bien es cierto que el dinero es el motor que mueve la economía mundial, y es el acceso a la alimentación y la salud, no menos cierto es que su persecución enfermiza es la originaria de los principales males enfrentados por la humanidad. Desarrollar una cultura de acumulación de dinero, psicológicamente cautivadora, aleja a las personas de la vía de circulación de los verdaderos valores humanos, y es que el esclavo del dinero no dispone de espacio en su vida para albergar ideas diferentes. No obstante, hay que trabajar para obtener los recursos suficientes para adquirir los bienes y servicios imprescindibles para la subsistencia, sin caer en su atesoramiento, y en cambio, incentivar resaltar las cosas que realmente tienen valor, como son: la familia, los amigos, los principios y los valores.

Al conversar sobre dinero, hay que mantener una astuta ecuanimidad para evitar ser extremista en el manejo del tema, procurando emitir una opinión objetiva, sin que el apasionamiento logre un desgastante acercamiento a los conceptos de los defensores o los detractores de este instrumento de riqueza. Adoptar una posición descalificadora sobre el dinero, renegando de su valor real, sin visibilizar que en realidad te permite acceder a los bienes y servicios necesarios para tu subsistencia, representa un gran error; también, requiere de dinero para movilizarte dentro y fuera del país, confirmando que resulta innecesario negar el valor de algo que es parte de tu supervivencia. Pasa lo contrario con las personas extravagantes, que exhiben con orgullo su adhesión desmedida a la acumulación del dinero, llegando a relacionar la definición de éxito con el nivel de dinero acumulado, ya sea por los bienes materiales adquiridos, o por los negocios y volúmenes de dineros acumulados en bancos nacionales e internacionales.

La realidad es que resulta inapropiado que las personas sean tan indiferentes a la existencia e importancia del dinero, que los individuos lleguen a pasarse toda la vida sin preocuparse de llegar a la edad de retiro sin los ahorros suficientes para hacer frente a sus necesidades más perentorias, originando una importante distorsión presupuestaria a sus familiares, al tener que cubrir su demanda de bienes y servicios, incluyendo los gastos relacionados con sus atenciones médicas, que son más frecuentes en el tramo final de la vida. No hay que ser obstinado rechazando el ahorro o malgastando el dinero por capricho o por moda. No ahorrar es un error divorciado del buen hábito previsor que aconseja la consciencia para enfrentar las circunstancias futuras.

No regales razones a tu conciencia para reclamaciones futuras. Defines claramente tu plan de vida, estableciendo los objetivos y las metas necesarias para hacerlo posible, puedes detenerte a revisar y corregir, pero nunca permitas que el descanso te invite a reflexionar sobre la factibilidad de descontinuar la lucha y sacrificios que te conducirán al logro de tus planes. Ser reflexivo te brinda la oportunidad para revisar y mejorar la estrategia de lucha, eso puede suceder en diferentes tramos del camino hacia el éxito. Sin embargo, procura que cuando arribes a tu retiro laboral, las razones para reprocharte no alcancen la estatura de un verdugo, porque con el alba, tu auto análisis puso al descubierto las desviaciones de tus objetivos y actuaste en su corrección, sin pérdida de tiempo.

No temas si tienes méritos acumulados para morir víctima de la emoción por el reconocimiento social de tus principios y valores, que cual estela de minúsculas partículas desprendidas de un objeto gigantesco que se desplaza por el ciberespacio, te conviertes en referencia de un fenómeno impresionante; principalmente por la forma en que te recuerdan tus excompañeros de labores, las personas de tu círculo social y la valoración que tengan los principales miembros de tus familiares cercanos, por enarbolar una impecable conducta humana; es ahí donde reside la clave de la satisfacción al recibir el reconocimiento de los demás. Sobre todo cuando ya estás retirado del quehacer laboral y surge el momento probatorio del cariño sincero, de los que estuvieron a tu lado, tal como es revelada la realidad del agua serena en el fondo de aquella piscina natural y que al final puede resultar un tanto turbia o cristalina, prevaleciendo el color turbio si el cariño mostrado fue por razones de interés, distinto a los que orgullosamente manifiestan los que agradecen a la flor seca, la oportunidad de haber disfrutado de su perfume, a pesar de que ya no lo producirá más, por haber completado su ciclo de vida. Es bueno que los demás expresen la valoración positiva de tu accionar, pero que lo reconozca tu conciencia en su posición de juez interno, es una satisfacción que vale la pena experimentar.

Acerca del autor

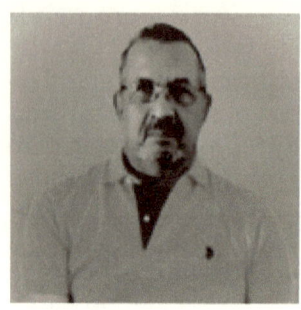

Mauricio Moreta es licenciado en Contabilidad y Finanzas, autor de los libros: Contabilidad aplicada a medios de pagos electrónicos, una obra dirigida a estudiantes de contabilidad, profesionales, usuarios de medios de pagos y público en general. Con este aporte presentó a sus lectores la oportunidad de ponerse en sintonía con los procesos contables y de control operacional de los pagos con tarjetas. Y De la frontera a la capital, una autobiografía en donde el autor presenta sus vivencias con extraordinaria candidez, las que le permitieron superar los desafíos y las limitaciones que impone la pobreza a los habitantes de la lejana frontera de la República Dominicana con la República de Haití.

En esta obra, Retos de la juventud, el autor enfoca con entusiasmo la necesidad de prepararse para el retiro laboral, tomando las medidas apropiadas que sirvan de base para esa nueva etapa de la vida y visualizar un nuevo comienzo en la edad de adulto mayor. Los temas tratados sobre este concepto están orientados a generar tranquilidad en los lectores, y que, consecuentemente, puedan adecuar sus proyectos personales a fin de robustecerse en términos económicos, condiciones físicas y psicológicas, para lograr vivir la etapa de adulto mayor con la valentía y emoción suficiente, que le permitan ver en la tercera edad una oportunidad de vida y no el final de ella.